JN080607

経験

この10年くらいのこと

くりぃむしちゅー
上田晋也

ポプラ社

前書

17年か18年ぶりに文章を書いた。というのも、新型コロナウイルスの影響による緊急事態宣言中に50歳になり、ふと40代の10年間を振り返ってみると、この10年間一度も文章を書いていなかったことに気付いた。文字を覚えて文章を書かなかった10年間などなかった。コレは由々(ゆゆ)しき事態だ、と思い、どうせなら文章を書かなかった40代に経験したことに絞って綴(つづ)ってみた。

私は、人間の成長において、経験というものをかなり重視する人間で、そういう意味では、いろんなことを経験した10年間だったが、残念ながら30代の頃と比べ、何も成長していないようだ。

本書は、私の10年間の非成長の記録である。

昔話突っ込み

写真
～週刊誌に物申す～

ここ数年、芸能人のスキャンダルについて、世間はかなりうるさくなった。芸能人は皆、写真週刊誌などに載ることに、かなりナーバスになっている。かく言う私も、数年前、写真週刊誌に……。

ある日、次長課長の河本、チュートリアルの徳井、浜ロンの後輩芸人3人と私、そして女の子たち4人とでお食事会をした。3時間ほどいろんな話で盛り上がり、皆ほろ酔い加減でお開きということになった。

それぞれ家の方向が同じ女の子を送って帰ろうということになり、私と一人の女の子、浜ロンと一人の女の子、そして河本と徳井と女の子二人が、タクシーに分乗して帰路についた。

タクシーに乗っておよそ3分後、知らない番号から携帯に電話がかかってきた。いつもなら知らない番号からの電話に出ることはないのだが、その時は虫の知らせ、それも熱帯の昆虫ばりに大きな虫の知らせだったのだろう、その電話に出ることにした。

「もしもし？」

「あっ、もしもし、上田さんの携帯でしょうか？」

「はい、そうですけど」

「突然申し訳ございません。先ほど、ご利用いただいた店の店長なんですが」

「あっ、どうもご馳走様でした」

「すいません、余計なお世話かとは思ったのですが、今、上田さんたちがタクシーで出られた直後に、車が追いかけていったように見えましたので、ひょっとしたら写真週刊誌の車ではないかと思いまして」

「えっ、本当ですか？」

「あくまでも可能性ですが……」

「あー、そうですか、わざわざご丁寧に申し訳ございません」

「ご予約いただいた時に、携帯の番号をお伺いしておりましたので、失礼かとは思ったのですが、かけさせていただきました」

「いえいえ、とんでもないです。お気遣いいただきまして、ありがとうございました」

もちろん私は、女の子を家まで送り届け、そのまま真っすぐ帰るつもりだったが、電話をくれた店長さんに、何度もこうべを垂れながら、心からの感謝の言葉を発していたので、多少の下心があったのかもしれない。そして電話を切るや否や、後方を振り返り、怪しい車の存在を確認しようとしたが、それらしき車どころか、車など一台も走ってはいなかった。１００メートルほど走るごとに後ろを振り返ったが、やはり後を追いかけてくる車などいない。もしや、と思い、河本に電話をかけてみた。

「あー、河本？」

「あー、はいはい、もしもしー」

向こうの車内では、引き続き盛り上がっているようで、キャッキャキャッという笑い声が聞こえてくる。

「今な、さっきのお店の店長さんから電話かかってきてな、ひょっとしたら写真週刊誌じゃないかって車が後をつけていったって言うんだよ。お前のほう、後ろから変な車来てないか？」

「あー、一台ワンボックスカーが来てますねー」

「そうか、じゃあまったく意味ないところで、一回左折してみ！」

「わかりました。——すいません運転手さん、そこ左折していただけますか。……あっ、上田さん、後ろの車も左折しました」

「そうか、じゃあもう一回すぐ左折してみ！」

「わかりました。——運転手さんすいません、そこまた左折していただけますか。……あー、やっぱりついてきますね」

「それ写真週刊誌だわ！　もう一軒店とか行かず、そのまま女の子をちゃんと送り届けたら、真っすぐ帰れよ！」

「了解しました！　すいません、ありがとうございます！」

ふー、なんとか事なきを得た、と安堵し、私も女の子を送り、そのまま家に帰り、一杯だけ祝杯をあげて、勝者の心地でスヤスヤと眠りについた。


次の日、一応確認しておこうと思い、河本に電話をし、あの後どうなったか聞くと、確かに車はずっと追いかけてきたが、そのまま女の子たちを送り、自分たちも家に真っすぐ帰ったので、なんの問題もなかった、とのことだった。私は、昨日のお店があるであろう方角を向き、再び感謝の祈りを捧げ、快哉を叫んだ。

　ところが！　それから約1週間後、なんと写真週刊誌にその件が載ってしまったのだ！

　タイトルは「チュートリアル徳井、○○を裏切り合コン三昧！」というようなものであった。

　その当時、お笑い界のモテ男ともてはやされていた徳井が、付き合っていると噂されていた女性の○○さんを裏切って夜な夜な合コンをしている、というような内容で書かれていた。徳井本人に聞いたところによると、本当はその女性とは付き合っているわけではないらしく、もちろん合コン三昧などという事実もなかったのだが……。

　記事の内容はともかくとして、問題は写真のほうであった。

　写真週刊誌に掲載された写真は、食事会を開いた店の前で、徳井と河本がタクシーのドアを押さえ、女子二人をエスコートし、続いて乗り込もうとしているところだったのだが、その後方に私と浜ロンと、もう二人の女の子も写っていた。

　もちろん、二人の女の子には黒い目線（目隠し線）が入れられていたのだが、なんと私と浜ロンの顔にも黒い目線が入れられていたのである。つまり、関係のない一般の人と思われ、隠されたのである。

私は思った。頼むから載せてくれ、と。そして、私にはどれだけ華がないんだ——と。

これはあくまで想像だが、雑誌制作の過程で、表紙の見出しはコレでいこうとか、今週の巻頭グラビアはアレでいこうとか、編集会議的なものがあるはずだ。そして、「チュートリアル徳井、○○を裏切り合コン三昧！」の記事は何ページ目にもってきて、こういう内容にしよう、というような話し合いが絶対あったはずなのだ。

その際、おそらく何十枚も撮ったであろう写真の中からどれを採用するか、複数の人間で吟味し、決定したはずなのだ。何十枚の写真を、複数の人間でよくよく見ても誰一人私に気付かない……。

この存在感のなさ。限りなく透明に近い上田。『ウォーリーをさがせ！』より、『上田をさがせ！』という本でも出版したほうが、難易度も高くて長時間楽しめるんじゃないだろうか？

その日、徳井と河本から電話がかかってきた。口々に「上田さんは汚い」と。「なんらかの圧力をかけて、自分の顔に目線入れてもらったでしょう」と。

目線を入れさせる力など私にあるはずもないし、そもそも目線を入れさせる力って何？

もしそんな力があるんなら、記事を掲載させない、もしくは自分が写ってない写真にしてくれ、という方向にもっていくんじゃないだろうか？　むしろ、一番力がないからこそ、顔さえ載せてもらえないし、記事本文でも一切触れてもらえないのだ。

徳井と河本に責められている間、自分の肛門を目一杯開いている状態を全世界に配信されるくらい恥ずかしかった。

芸能人がこれだけ写真週刊誌に戦々恐々としている中、私くらいではないだろうか。写真週刊誌に載りたい、と思う芸能人は。

写真週刊誌さん、次回はどうか顔を載せてください！　お願いします！

混乱
～初めての育児～

長女が生まれて半年ほど経ったある日。

仕事が休みだった私は、たまには奥さん孝行でもしようかと思い、その一日を育児に費やそうと決心した。

それにしても気付くのが遅すぎる。およそ半年、育児は家内に任せっきりだったわけだ。

7月上旬に「あっ、明けましておめでとうございます！」みたいな遅さである。

「今日さ、俺休みだから、赤ちゃんの面倒、俺が見とくから、映画観にいくなり、友達とランチ行くなりしてくれれば？」

「えーっ、嬉しいけど、大丈夫？」

「まあ、大丈夫でしょ？　とりあえず、泣いた場合どうすれば泣きやむか教えてくれる？」

「じゃあ、オムツの真ん中にこの黄色のラインが入ってるでしょ？　この黄色が緑に変わったら、オムツ替えろのサインだから、ティッシュで拭いて替えてくれる？」

「うん。他は?」

「それでも泣きやまなかったら、ミルクが欲しいってことだと思うから、その時はこのミルクを40度くらいに温めて、飲ませてあげて」

「うん。他は?」

「それでも泣きやまなかったら、このおもちゃが好きだから、これをガラガラ鳴らしてあげると喜ぶと思うから」

「うん。それくらい?」

「そうだね、これくらいで大丈夫だと思うよ」

「オッケー、じゃあ行ってきなよ!」

「ホントにいいの?」

「全然大丈夫! じゃあ今日は家のことは気にしなくていいから、楽しんでおいで!」

「ゴメンねー、ありがとう!」

家内はちょいとおめかしをして出かけていった。

家内が家を出てすぐ、体感的には「CoCo壱」がトッピングなしのカレーを出すより早いくらいの時間で娘がかなり大きな声で泣き始めた。家内に言われたことを思い出し、オムツを見てみると案の定、黄色のラインが緑に変わっていた。

赤ちゃんってわかりやすいな、とうっすらと微笑んで、家内に言われた手順で手際良くオムツを替えてあげた。これで大丈夫、と思ったのだが、娘は一向に泣きやまない。ん？　オムツを替えて欲しかっただけじゃなく、ミルクも欲しいのかな、と思い、これも家内に言われた手順で人肌に温め、飲ませてあげた。娘は、山賊の宴（うたげ）のような飲み方でミルクを飲み干し、これで満足かと思いきや、まだ大声で泣いている。

おもちゃで遊んで欲しいのかな、と思い、家内に勧められたガラガラと音の出るおもちゃでしばらくあやしてあげたが、泣きやむ気配はまったくない。他のおもちゃを次々に試すが、それでもまったく効果なし。

なんとかせねば、と父親としての使命感を全面に押し出し、娘を抱っこし、その辺をウロウロしたり、変顔をしたり、いないいないばあをしたり、赤ちゃんをあやすためのすべての引き出しを、空き巣ばりに開け放ったのだが、それでも一向に泣きやまない。

娘が泣き始めて、かれこれ1時間半。どうすればいいのかまったくわからず、娘より私のほうが号泣したい気持ちになって、完全なるパニック状態に陥り、育児を始めて90分で（このままでは育児うつになってしまう）と、最終ステージに突入してしまった。

いかんいかん、ここは一度冷静になるために、隣の部屋に行って頭を冷やそうと、私は娘を床に敷いた布団にそっと横たえ、クールダウンすべく隣の部屋に移動した。

すると——なんと、娘はピタリと泣きやんだではないか。寝ついたのか、と思い、娘のいる部屋に戻ると、また大声で泣き始める。まさか、と思い、もう一度隣の部屋に戻ると、ピタリと泣きやむ。

そう、娘は、1時間半私に対して泣いていたのだ！　要するに、娘からしたら私は、一度も面倒を見てもらったことのない、赤の他人だったのである。

半年間、まったく育児をしなかったことを猛省し、悔い改めつつも、娘が一番過ごしやすい環境を提供するために、私はそのまま隣の部屋で、家内が帰ってくるまで読書をして過ごした。その半年で一番読書が捗（はかど）った日になった。

事件
～娘のお小遣い～

ある日、家内が小学校4年生の娘を叱っていた。いつもはヘラヘラしている娘が、その時はシクシクと涙を流しながら神妙な顔をしているので、何事かと問うた。

じつは2日前、私は娘に、習い事に行きたいけれどパスモの残高がないと言われ、2000円を渡していた。ところが、娘はそのお金をパスモにチャージせずにお菓子と漫画の本を買っていた、とのことだった。まさか娘がそんなことをする子だとは夢にも思っておらず、ショックと怒りで、私も強目に「なんでそんなことをした？」と詰問した。

するど娘は泣き叫ぶように、

「悪い心が出た！」

と言い放った。

（いや、悪い心が出た、って――）と、超意外な答えに私は思わず吹き出しそうになった。

いや、少々吹き出したと思う。

幸い、娘は反省しきりで下を向いていたためバレなかったが、しかし、ここは真剣に怒って、ちゃんとわからせなければいけない場面である。私は噛みちぎらんばかりに思いっきり舌を噛んで笑いをこらえ、険しい表情を作り、「二度とそんなことをするんじゃないぞ！後はお母さんから――」と言い残し、別の部屋に移動して独りでひとしきり笑った。

数十分後、家内が私のところに来たので、その後どうだったか問うと、これまた驚きの答えが返ってきた。

なんと娘が生まれてから10年間、我々夫婦は一度もお小遣いをあげていなかったことが判明した。もちろん、必要な服や文房具などは買ってあげていたし、お菓子や本なども一緒に買いにいったりはしていたのだが、月々のお小遣いというものを一度もあげていなかったのである。娘からの要求もなかったため、私も家内も、子どもにお小遣いをあげるという概念がすっぽりと抜け落ちていたのである。

「そりゃ俺たちが悪いわ。お菓子も買いたくなるわな」と言い、次の月から毎月お小遣いをあげることにした。

後日。テレビ番組『おしゃれイズム』の収録後、スタッフや出演者一同で食事会を開い

た際、私の隣に座っていた森泉ちゃんに、この一連の話をした。すると泉ちゃんが、

「そうなんだー、それは娘さんいけないことをしたね。じゃあ今度、私が言って聞かせてあげるよ」

と、森泉にしては意外な答えが返ってきた。

「いやいや、もう大丈夫だよ。俺と奥さんで言って聞かせたから。お気遣いありがとね」

とお礼を言うと、またまた想定外のフレーズが返ってきた。

「そうじゃないよ！　お父さんにもらったお金を一度パスモにチャージして、お菓子と漫画をそのパスモで精算すればバレなかったんだよ、ってことを私は教えたいの！」

「お前はアホかー！　余計なことを教えなくていいーーー！」

やはり森泉は破格のスケールでお送りしている。今からでも、泉ちゃんの親御さんに育児休暇を取ってもらって、森泉をイチから育て直して欲しいと思う。

記憶

～大先輩方の奇妙な物語～

数年前、とある番組で関根勤さんにお会いした。

「関根さん、おはようございます！」

「あー、おはよう！　上田君、マスターズ観た？」

関根さんはいろんな後輩に、その人が興味のある話を振って和ませて、後輩に気を遣わせないようにしてくれる、すごく優しい先輩だ。私にはスポーツの話を振ってくれることが多いが、この日はゴルフの話題だった。

「いやー、松山英樹すごかったねー。そのうちメジャーのタイトル獲るんじゃないかな？」

「ホントすごかったですねー。ひょっとしたら近々獲るかもしれませんねー。いえね、僕この間、丸山茂樹さんとお話ししましてね、その時丸山さんがおっしゃってたのが……」

その1カ月ほど前だっただろうか、プロゴルファーの丸山茂樹さんと仕事でご一緒した時に、丸山さんに伺った話を、関根さんにお話しした。

丸山さん曰く、丸山さんがアメリカのツアーに参戦されていた当時は、細かいテクニックを要求された、と。ピンの手前でピタッと球を止めるとか、ピンの奥に球を落とし、そこからバックスピンで何メートル戻す、とか。丸山さんはそういったテクニックが得意だったため、アメリカで勝負できたらしいのだが、現在のゴルフはボールやクラブが飛躍的に進化したため、そういったテクニックを駆使しなくても、ボールが勝手に止まるようになったのだ、と。では、今のゴルフではどんなプレーヤーが活躍できるのかというと、機械的に常に同じようなスイングで、なるべく遠くに飛ばせるゴルファーだ、と。そういった点でも松山英樹はスイングが安定しているし、パワーもあるので、アメリカでも活躍できるでしょうね、と。

「……って話を、丸山茂樹さんに聞いたんですよー」

「へぇ、そうなんだー？　なるほどねー、だから松山英樹はいい成績残してるんだねー」

関根さんはいたく感心され、我々はそのまま収録に向かった。

その2日後、また関根さんと一緒の仕事だった。

「関根さん、おはようございます！」

「あー、おはよう！　上田君、マスターズ観た？」

ん？　この話、一昨日したけどな？　しかし、関根さんは話を続ける。

「いやー、松山英樹すごかったねー。そのうちメジャーのタイトル獲るんじゃないかな？」

ここまでは、一昨日とまったく同じセリフ。しかしこの後が、信じられない展開となった。

「いや、上田君ね、僕1カ月くらい前に丸山茂樹さんに会ってね、丸山さんが言うにはね……」

なんと、一昨日私が関根さんにした話を、関根さんが体験した話として、私にし始めたのだ！　ウソだろ？　とても信じられなかった。私にとってはハリー・ポッターより非現実的だった。だって、数カ月経ってるならまだしも、2日前だよ⁉　いや、これは関根さんがボケてらっしゃるんだ。私がした話を、私にするっていうボケだな。そう思い直して関根さんの表情を見たが、関根さんは至って真面目な表情で話をされている。

二度ほど（関根さん、それ僕が関根さんにした話です）と言おうかとも思ったが、関根さんの嬉々とした表情で語っている様子を見ると、とても言い出せなかった。

私はシフトチェンジし、「へぇー、そうなんですかー？　なるほどー、じゃあ松山英樹は活躍できそうですねー」とリアクターの道を選んだが、複雑な心境だったため、トーンもかなり低目だったであろうし、何よりデスマスクばりに無表情だったと思われ、関根さんには「いい話してんのに、上田リアクション薄いなー」と思われたかもしれない。『世にも奇妙な物語』で紹介して欲しいくらいの衝撃的な展開で、私は関根さんが心配になった。

その、およそ1年後。

私はビートたけしさんと、10年ほど前から1年半に一度くらいのペースでお食事をご一緒させていただくのだが、初めの3、4回は、毎回私の奢りであった。初めての食事の時にたけしさんから、「上田今稼いでんだろ？　奢ってくれよ」と言われ、それが3、4回続いた。

もちろん、たけしさんとしては後輩に奢ってもらう、という洒落なのだが、私としては、〝世界のたけし〟さんに奢らせていただくなんて、他の人ではなかなか経験できないことをさせていただく、この上ない幸せと言っても決して過言ではないのだ。ただ、たけしさんとしては、毎回私に奢らせているのが気がかりだったようで……。

ある時、『しゃべくり007』というトーク番組のゲストに、たけしさんがいらした時、セットの階段から登場するや否や、開口一番私に向かって、「あのさ、この間、秋元康にさ、銀座のスッポン屋に連れてってもらったんだけどさ、そこがえらい美味かったからさ、今度そこに招待するよ。今度は俺が奢るからさ！」とおっしゃった。

周りのレギュラーメンバーのネプチューン、チュートリアル、そして相方の有田を含めた6人はなんのことかわからずポカーンとしており、私のほうも6人に申し訳ない気持ちになり、「楽しみにお待ちしております」と感謝の意を伝えると、すぐに違う話に切り替えた。

そしてその3カ月後。

たけしさんMCの、ルーヴル美術館にスポットを当てた2時間スペシャルの番組収録があり、私も一つのコーナーだけゲストで出させていただくことになった。収録は滞りなく進み、私が出演するブロックが無事終了したので、出演者の皆さんに「お疲れ様でした！」と挨拶をしていると、たけしさんが私を手招きしてらした。小走りで伺うと、「あのさ、この間、秋元康にさ、銀座のスッポン屋に連れてってもらったんだけどさ、そこがえらい美味かったからさ、今度そこに招待するよ。今度は俺が奢るからさ！」と、3カ月前と同じ内容を、一言一句違わず、しかもまったく同じトーンでおっしゃった。

これはたけしさんにとってのお経なのかな、と思ったくらいだ。私も、「楽しみにお待ちしております」と前回と同じフレーズ、同じトーンでお礼を伝え、スタジオを後にした。

そして、さらにその半年後。

たけしさんのMCで私がアシスタントを務めさせていただいている、『成功の遺伝史』という、年に一度の特番があるのだが、その番組の収録が始まり、まずはその日のゲスト紹介などをやり、最初のVTRを観るという流れになった。

VTRが始まると、たけしさんが私に話しかけてこられた。

「あのさ、この間、秋元康にさ、銀座のスッポン屋に連れてってもらったんだけどさ……」

なんと、これで三度目である。(アレ? 俺『マスター、いつものやつ!』って頼んだっけな?)と思いつつ、さすがに三度目だし、VTRを観なければ、という気持ちもあり、「あー、そこがすごく美味しかったからご招待していただけるんですよね? 楽しみにしております」と遮るように小声で返し、その話を恐れながら終わらせた。たけしさんも、「あっ、言ったっけ?」と首を傾げ——いや例の癖(くせ)で首をカクッとされただけかもしれないが——VTRに戻られた。

その番組の収録後。

「じゃあ近々食事行こう！」と、改めてお誘いを受け、楽しみに待っていたが、結局その年はお会いすることはなかった。


そして1年後。

またもや年に一度の『成功の遺伝史』の収録の時、本番前にたけしさんの楽屋にご挨拶に伺うと、衝撃の一言が発せられた。

「この間さ、上田に銀座のスッポン屋に連れてってもらったじゃない？　あそこえらい美味かったなー。あれ、なんて名前の店だっけ？」

なんと、私がご案内したことになっていた。

「いやー、あのー、たっ、たけしさん、確かたけしさんが、秋っ、秋元康さんに連れていってもらって、そっ、そこがすごく美味しかったから、ぼっ、僕を招待してくださるって話だったと思うんですけど……」

私は恐る恐る、しかしながら真実を伝えない訳にはいかないと、決死の覚悟で、口にキシリトールでも入ってんのか、というくらい噛みながらお伝えした。

「ん？　そうだっけ？………じゃあ行こうね、今度」

　私は思った。もはや行く気ねーだろ、と。だってお店の名前も忘れてるようだし。っていうか、お笑い界の先輩たちの記憶力どうなってるんだ？　一度、海馬を調べさせてくれないか、と。『奇跡体験！アンビリーバボー』で紹介してもらいたいくらいのまさかの展開で、私はたけしさんが心配になった。

　ちなみに、その後もたけしさんとお食事を何度かご一緒させていただいているが、銀座のスッポン屋さんには連れていってもらってない。話にも上がらない。


　たけしさんの話のおよそ半年後。

　私の高校時代の同級生のマサルが、熊本から東京の私の家に泊まりにきた。土曜日の夜に泊まりにきて、次の日は二人で朝からゴルフに行く予定にしていた。しかし、朝起きるとあいにく雨が降っていた。

「マサル、どうする？　天気予報見ても今日は雨やみそうにないなぁ。まあ、せっかく熊本から来たんだから、雨の中でもゴルフ行きたいって言うんなら全然行くけど」

「んー、いやー、雨の中のゴルフはテンション上がんないし、残念だけどキャンセルしようか？」

「わかった、じゃあゴルフはまた次回にしようか？」

「うん」

それから我々は二度寝に入り、お昼前に再び起床した。

「さて今からどうしようか？　せっかく東京に来てんだから、お前が行きたい所に案内するけど？」

「あー、そう？　じゃあさ、熊本には売ってなさそうな、おしゃれなゴルフウェア売ってる店に行きたいんだけど」

「ほう、おしゃれなゴルフウェアの店ねー」

私はしばし考え、確か銀座におしゃれなゴルフウェアの店があったなーと思い出し、そこに行くことにした。

店に到着し、それぞれ気になる商品を物色していると、とある女性客が、「アレ？　マサル⁉」と驚いたように叫んだ。

「オー、リカちゃん！　えー、何してんのこんなところで？」

「いや、アンタこそ何してんのよ、東京で？」

「いや、昨日東京来て、今日ゴルフ行く予定だったんだけど、雨だから中止にして、せめてゴルフウェアでもと思って、たまたまこの店に来てみたんだけどね」

「へぇー、そうなんだ？　いや私もダンナがたまたまこのお店に行きたいって言うから、初めて来てみたんだけど、こんな偶然ってあるのねー！」

「いやー、びっくりしたよー！　会うのなんて15年ぶりくらいだよね？」

私も二人のやり取りを小耳に挟みながら、確かにものすごい偶然だな、と思っていた。だってマサルが東京に来たのもすごく久々なのに、たまたま雨が降ってゴルフが中止になり、たまたま来てみたお店に、これまたたまたま来ていたマサルの知り合いと15年ぶりくらいに会うなんて、ホールインワンするのと同じくらいの確率ではないだろうか？　いやそれ以上かもしれない。

そんなことを思いながら、私はマサルに声をかけてきた女性にチラッと視線を投げた。するとその女性が驚いたような表情で私を見た。あー、俺が出ている番組でも観てくれてんのかな、と思い、「どうもこんにちは」と営業スマイルを作りながら会釈し、再びゴルフウェアに視線を落とした。

するとマサルが、「いや、ウソだろ晋也！　なぁ、リカちゃんじゃん！　リカちゃんだよ！」と、叫んだ。

ん？　リカちゃん？　いやリカちゃんなんて知らないよ。お前の知り合いであって、俺の知り合いではないよ。

「いや、リカちゃんじゃん！」

マサルがあまりにうるさいので、もう一度その女性のほうに視線を戻し、５秒ほど見続けた。

驚愕した！　なんとその女性は、私の元カノであった。しかもチラッと付き合ったくらいの間柄ではなく、５〜６年付き合った、共に結婚を考えたくらい深く付き合った女性であった。

「リッ、リカちゃんーーー！！！」

お店の中にもかかわらず、〝粉〜雪〜♪〟の時のような声量でリカちゃんの名を叫び、埴輪（はにわ）と見間違えられるくらい目を丸くした。

「今さ、私のこと無視しようとしたでしょ？」

「いっ、いや、そっ、その、なんていうか、なんか、すっ、すごい痩せて、みっ、見違えたっていうか……」

ビーフジャーキーでも食べてんのかってくらいに噛みながら、なんとかこしらえたウソを伝えると、「アラ、それは綺麗になったたって意味でいいのかしら?」とリカちゃんが、最上級に自分に都合のいいように解釈してくれたので、「も、もちろん……」と返し、これ以上ウソをついても、俺のことをよく知っている人なので、ドツボどころかカルデラにハマるな、と思い、リカちゃんのご主人に丁寧にご挨拶し、そそくさとお店を後にした。

「晋也、お前ホントにリカちゃんわからなかったの? お前大丈夫か?」

「まったくわからんかった」

エクストラバージンオリーブオイルばりにねっとりとした汗を、夏の甲子園のマウンドばりに大量にかき、ハツカネズミと同じくらいの速さで打っていた心臓の鼓動が、元のリズムに戻るのに、「どん兵衛」ができるくらいの時間を要したように思う。

平静を取り戻した時に、私は思った。俺は終わった、と。だって5~6年付き合った彼女がわからないんだよ。声を聞いても、名前を聞いても、顔を見てもわからないんだから。仮にリカちゃんが以前とは激変していたとしても、マサルはリカちゃんのことを即認識できた訳だし、マサルのほうが、俺よりリカちゃんに会っていないブランクは長いんだし。

関根さんやたけしさんを心配している場合ではなかった。脳細胞粗鬆症。それ以降、私は自分の記憶力を信じていない。私の記憶力と峰不二子だけは信じない。

葛藤

～しがみつく娘～

娘が生まれておよそ半年後、育児初日に育児うつになりそうになった時のことは、「混乱～初めての育児～」（15ページ）で書いたが、その後も一緒にいる時間がなかなか取れなかったせいか、娘が私に親しみを持ってくれるまでにけっこうな時間を要した。

娘が3歳の時。

いつものように準備をすませて、仕事に向かおうとする私のところに、まだ足元がおぼつかない様子で娘が近づいてきて、私の太ももにしがみついてきた。

「ねぇ、おとうさん、しごといかないで！　いっしょにあそぼうよ！」と、ベソをかきながら懇願してきた。娘がそんなことを言ってくるなんて初めてのことであった。

（これか、これが父親になったって喜びなのか！）と、かなり遅目の感動に浸り、一瞬仕事に行くのをやめようかと、その場の感情に流されそうになりながらも、なんとか気持ちを立て直し、太ももに小さいが、しかししっかりとした確かな力を感じながら、後ろ髪を引かれる思いで娘にこう言った。

「ゴメンね、遊んであげたいけど、お仕事行かなきゃいけないんだ」

「いやだ、おしごといっちゃ。いっしょにあそぶもん」

「あのね、お父さんがお仕事行かないと、ご飯もおやつもアイスクリームもなーんにも食べられなくなっちゃうんだよ」

一瞬の静寂の後、娘はしがみついていた私の太ももから両手をほどき、小さいが、しかし異常に強い力で私を突き放しながらこう言った。

「はやくおしごといきなさいよ！」

前髪引っ掴まれて放り出された気分だった。

不調
～希望の出会い～

同じ事務所の数少ないタレントに、ニュース番組『news zero』でキャスターを務める有働由美子さんがいる。私が『おしゃれイズム』の収録の日、同じ局で楽屋が近いということもあるのだが、有働さんが、わざわざ挨拶にきてくれる。年齢的にも業界的にも有働さんのほうが先輩なのだが、私のほうが事務所内では先輩ということで、ご丁寧に気を遣って挨拶にきてくれる。いや、ご丁寧に気を遣って挨拶にきてくれていた、以前は……。

最初の頃は、メイクも衣装もビシッとした格好で、それこそご丁寧にお越しくださっていたのだが、3回目くらいからは、顔にパックをしたまま、オペラ座の怪人みたいな状況で現れるようになり、4回目くらいからは「おはようございます」もなく、楽屋に入るや否やお弁当が置いてある方向を見るようになった。ショーウィンドー越しに「このトランペットが欲しいなー」と見つめる黒人少年のような純粋な眼差しでお弁当を見つめるため、種類の違うお弁当を2、3個渡してあげることにした。その頃はそれでもまだ可愛げがあって、

「えー、本当にいいんですかー？」

などと言いながら、赤べこばりにペコペコ頭を下げていた。

ところが、最近では私が有働さんのマネージャーに、といっても私のマネージャーでもあるのだが、「有働さんにお弁当持ってってあげな」と、いくつかお弁当を渡しても、後から、お弁当の包み紙に、

「キャスターとして、食品ロスを少しでも減らすため、もらっといてやる！」

などと書いて寄越すようになった。

つい先日に至っては、私が本番を終え楽屋に帰ると、「今日も美味しい弁当入れとけよ」と、カツアゲの脅迫状がテーブルに置いてあり、私のことを美味しいお弁当を運んでくれる人ということで〝Uedar Eats〟と呼びだす始末だ。あの人の図々しさは、一日体験入学を30日続けられるレベルである。有働由美子という人は、皆さんが思っているよりずっと適当というか、デタラメな人だ。

その有働さんがまだ真面目だったというか、本性（ほんしょう）を現す前、猫2万匹くらい被っていた２０１８年のこと。

毎年秋に、日本テレビでは「カラダWEEK」という、身体に良いことをしよう、健康について考えよう、という1週間のキャンペーンがあるのだが、私も毎年このキャンペーンの一員として参加させてもらっている。毎年「1週間で7万歩歩け！」とか「1週間で階段3千段上れ！」などの指令が出て、このノルマを達成すべく、仕事と仕事の合間などにコツコツ頑張らなければならない、ハードな1週間になるのだが、このカラダWEEKが始まる2週間前、軽い筋トレをやっている時に、左肩甲骨の辺りに肉離れを起こしてしまった。

最初は湿布でも貼っておけば治るだろう、と楽観的に考えていたのだが、2〜3時間後に症状が激変した。およそ5分おきに左の脇腹周辺に激しい痛みを伴った痙攣（けいれん）が襲い、仕事中も痛みをこらえるのに必死でまったく集中できない。就寝時も、横になっていると頻繁に痙攣を起こし、まったく眠れない。

まだ座った状態でいるほうがいささか楽だったため、飛行機のエコノミー席くらいのリクライニングで眠ることにしたが、この体勢だと今度はお尻が痛くなってきて、これまた眠れない。体勢を変えようと横になると、すぐに痙攣を起こし、また座った状態に戻し……を夜中じゅう繰り返し、ほとんど眠れないまま朝を迎える。次の日も同じことの繰り返しであった。

こんな状態が続いた3日目の夜中、眠れないイライラが最高潮に達し、アシュラマンの左側みたいな怒り顔で、ベッドからガバッと起き上がり、なんとか眠れるようにするため、痛みの原因となっている尾てい骨を取り除くことはできないのか、とネットで調べた。わかったのは、現在は「尾骨」と呼ばれ、「尾てい骨」は俗称だということくらいだった。（あっ、尾てい骨って正式名称じゃないんだ）と、自分の中で新しい情報が得られたせいか、多少冷静さを取り戻し、よくよく考えてみれば、眠れない原因も、痛みの原因も尾てい骨ではない、という普段ならマッハで気付きそうなことにようやく気付き、再びベッドへ戻った。かといって眠りにつける訳ではなく、眠れない日々は1週間ほど続いた。

あの1週間は、おそらく歌舞伎町より私のほうが眠らなかったと思われる。もちろん放ったらかしにしていたわけではない。確かに、最初の3日は湿布や痛み止めの薬でなんとか誤魔化そうとしていたが、4日目くらいからは毎日のように治療に励んだ。マッサージ、電気治療、鍼（はり）、その他にも最新式アメリカ直輸入と銘打ってある治療や、名人といわれている人の指圧など、いろいろと試してみたが、一向に良くならない。夜中の痙攣は多少おさまり、まったく眠れない状態ではなくなったものの、仕事中の痙攣などは相変わらずの状態であった。

そんな状況で迎えたカラダWEEK。その年私に出された司令は、「アクロヨガのポーズを1週間で練習し、完成させせろ！」というものであった。

アクロヨガとは、アクロバットとヨガとタイ古式マッサージを融合させた、複数人で行うヨガのことらしく、イメージとしては「シルク・ドゥ・ソレイユ」の、一人が仰向けになり、もう一人がその人の手の上に乗ってバランスを取る、みたいな演目があるかと思うが、アレの簡易版みたいなものだ。ん？　いや簡易版というとアクロヨガに失礼だし、カラダWEEKの指令もたいそうなことじゃないように受け取られるから改めよう。まあ、運動会の組体操の難易度の高いもの、といったところか。

このアクロヨガに、日本テレビの山本紘之(ひろゆき)アナウンサーと二人でチャレンジすることになった。山本アナが下で支える役、私が上で逆立ちをし、ポーズを決める役。

練習初日、やってみると二人の信頼関係も必要だし、何よりピタッとバランスの決まったところで静止することが非常に難しい。勢いが足りなくてもあり過ぎても上で止まれない。仮に私がちょうどいい具合の勢いで両足を跳ね上げても、下で支える山本アナがちょっとてもグラつけば、やはりポーズを決めることはできない。まさにピンポイントの場所を見つけるために、かなりの練習が必要となる。

いやそれ以前に、肉離れのせいで左の背中に激痛が走り、左腕もずっとシビれていてまったく力が入らない。ほとんど練習にもならない。しかも山本アナと私のスケジュールを合わせられるのが3日、時間にすると4時間ほどしかない。しかし、「肉離れを起こしているのでできない」とは言えない。あくまでプライベートの筋トレが原因のことなのだから。

スタッフには、アクロヨガ発表の生放送までには、痛みも治るだろうと伝え、企画続行を申し出た。私のことを責任感の塊(かたまり)と考えていただいて一向にかまわない。

そんなある日、有働さんが楽屋に挨拶にきてくれた。

「上田さん、お忙しいでしょうけど、ちゃんと休めてます?」

「いやー、それが1週間くらい前に肉離れやっちゃって、ずっと手もシビれてて寝られないんですよ」

「えー、それは大変！　いいお医者さんとかご存じないんですか？」

「いろいろ試してはみたんですけど、どれも効かないんですよねー」

「んー、そうですか………。私も以前左手がシビれていた時期があって、どこの病院に行っても治らなかったんですけど、ある先生の所に行ったら一発で治ったんですよ。もしよかったら、その先生ご紹介しましょうか？」

「ホントですか？　ぜひお願いします」

その先生は、普段は遠く離れた地元で連日予約で一杯の施術を行い、毎月1週間だけ東京に来られて、これまた予約で一杯の施術を行っているとのこと。先生の連絡先はネットでも探すことはできないらしく、ＬＩＮＥで連絡を取るしかなく、ＬＩＮＥのＩＤを入手するのも至難の業（わざ）、とのこと。親切にも有働さんが連絡を取ってくれ、無理やり先生の時間をこじ空けてもらって、予約を入れていただいた。

２日後、待ち合わせの場所に行くと、しばらくして年の頃60歳前後と思われる男性が現れた。一通りの挨拶をすませ、言われるがままについていった。とあるマンションの一室、２ＬＤＫくらいの間取りであろうか、少々広めの和室の真ん中に布団が敷いてある。男二人、他は誰もいないマンションの一室で、横になるように促され、ひょっとしたらアラフィフのオッサンがアラシックスのオッサンに辱（はずかし）められるのかしら、と一抹の不安がよぎり、かといって横になることを拒否もできないため、なぜか決めなくていい覚悟を決め、布団に体を横たえた。

しばしのちにアラシックスのオッサンが身を重ねて……いや、施術が始まった。施術の内容は、背中に手を当てながらほぐしていくという、軽いマッサージといった感じ。その軽さもソフトタッチどころか、ベリーソフトタッチ。触られていることはもちろんわかるのだが、施術が行われている、という感触はないくらいの感覚。

そして、施術が始まって1分後くらいであろうか。

「あー、上田さん、腰がズレてますねー。腰痛いでしょう?」

と先生が聞いてきた。腰はだいぶ前から悪いのだが、この日治して欲しいメインは左肩辺りの肉離れと左手のシビれだったため、腰のことは予約をした時にも、会ってからも一言も言ってはいなかったのだが、あっさり指摘されたのだ！　自分が痛めている箇所をいとも簡単に見抜かれた驚きと、この先生なら治してもらえる、という確信めいた喜びから、それまでとはツートーンくらい高くなったテンションで、「そうなんですよ、腰はもう長いこと悪いんですよー」と、悪いことを嬉しそうに答えるという、竹中直人さんの「笑いながら怒る人」以来の違和感ある表現で答えた。

「ですよねー、腰はかなり悪いです。確かに左の肩甲骨辺りは筋肉のズレ、損傷がありますけど、こういうのは下の土台から治したほうがいいですから、まずは腰から治しときますねー」

「そうですか、ありがとうございます！」

「上田さんのお仕事を拝見していると、立ってらっしゃることが多いみたいですから、どうしても腰にきますよねー」

「そうですねー、やっぱり蓄積疲労みたいな感じなんですかねー？」

「まあ、致し方ない部分はありますよねー」

「日頃からこれやっとくと腰にいいよー、なんてストレッチとかありますかね？」

「まあ、今日治しときますんで、しばらくは大丈夫ですよ。って、たとえば半年後とか1年後また痛くなったらいらっしゃればいいと思いますよ」

「えっ、そうなんですか？　ってことは、日頃は痛みを感じなくなるってことですか？」

「はい。治しておきますから」

長年悩まされてきた腰の痛みから、いとも簡単に解放させてくれるらしい。救世主に出会った気分だ。一瞬にして視界が開けたような気がして、ここぞとばかりに施術中の先生にいろんな質問を投げかけてみた。

「先生の施術は、ジャンルでいえば整体ってことになるんですか？」

「んー、私独自のやり方を編み出したものなんですが、一応皆さんにわかりやすくお伝えするために便宜上、整体と言っております」

「いろんなやり方を研究なさって辿り着いたやり方なんですか？」

「そうですね、まあ経緯をお話しすると、じつは子どもの頃からよく父親をマッサージしてましてね。最初は親父が気持ちがいい、気持ちがいいと言うもんでそれが嬉しくてやってたんですが、それが高じていろんな人のマッサージをやるようになったんですよ」

「ええ」

「そうこうしているうちに、私が小学校の高学年くらいの頃ですかね、『あー、今この人はココが調子悪いんだなー』というのが少しずつわかってくるようになりましてね」

「へー、そうですか？　それは触ることによって、体の歪みとかがわかるようになったってことなんですか？」

「いえ、そうじゃなく、痛みの元が信号みたいなものを発してるのが、わかるようになったんですよ」

「信号ですか？」

「そうなんですよ。いえね、こんな話、にわかには信じがたいですよね？」

「はぁ、我々凡人にはなかなか難しいですねえ」

「たとえば一流のオーケストラの指揮者が、いろんな楽器のいろんな音が鳴る中、ちょっとした不協和音に気付いて、今第二バイオリンの音がズレてる、とか音が小さいとか、そういうのに敏感に気付いたりしますでしょ？」

「ええ、ええ」

「それと似たような感じなんですかねー。いろんな神経が、いろんな信号を出してるんですけど、ある箇所から不協和音といいますか、違う信号が出てるな、というのを指先で感じるんですよね」

「へー」

「ただその信号が、必ずしも痛めている場所から出るわけではないんですよ」

「ほう、そうなんですか？」

「ええ、痛めている所をいくらマッサージしても治らないけど、その信号が出ている所を軽く整えるだけで痛みが消えることに気付いたんですよ」

「へー、そうですかー」

「それで私、この信号を出している大元である脳に興味を持ちましてね。K大学の医学部に入って、卒業後脳外科医をやっていたんですよ」

「あっ、そうなんですか？」

「ええ。それで脳のことをいろいろ研究しましてね、もちろん全部とはいいませんが、なんとなく脳のことはわかったんで、もともと得意だったマッサージに、脳が発している信号を見つけて治す、っていう方法を取り入れてやっている次第です」

決して自慢気ではなく、あくまでも事実を淡々と述べている感じだ。そして淀みなく話をしながらも施術の手が止まることはなく、熟練の手技で私の腰の周辺をほぐし、整えていってくれている。私は先生に対して、さらに興味が湧いてきた。

「先生はどういった症状を診てくださるんですか？」

「このやり方で、ある程度のものは治せるようになりました」

「ある程度のものといいますと？」

「そうですね、上田さんみたいな筋肉の損傷、腰痛。あと、骨折も2週間くらいなら完治を早められます」

「えっ、２週間も早く治るんですか⁉」

「ええ、それはそんなに大変なことではないですねー」

「そうなんですか？」

「私のポリシーといいますか、モットーといいますか、ある一つの怪我ですとか病気ですとか、仮に１００人その症状の患者さんに施術をしたとして、90人以上治せたものでないと、治せます、とは言わないことにしてるんです」

「ほう」

「って、骨折は９割以上の人が、医者の診断より２週間ほど早く治りましたので、まあ治せると言っていいのかな、と」

「なるほど」

「がんもステージⅡまでなら治せます」

「えっ、がんが治るんですか？」

「いえいえ、ステージⅡまでですよ。ステージⅢは微妙です。ステージⅣはもう私では無理です」

「いや、ステージⅢでもかなりのものだと思いますけど、それも治されたことがあるわけですよね？」

「ステージⅢでは正直治せた人と治せなかった人が半々くらいです。ですから私のモットーとして、治せるとは言えません」

「それでもすごいと思いますけどね」

「あと、アルツハイマーとパーキンソン病、これは治せませんでした。脳外科医だったにもかかわらず、この二つにはまったく効かなかったのはお恥ずかしい限りです」

何も恥ずかしくない。いやそれどころか、決して自分からこれが治せるあれが治せると言うわけではない。私が聞いた質問に率直に答えてくれるだけ。しかも治せないものは治せない、とはっきり言う。こういう正直な人は信じられるし、またこういった治療は、患者本人もその医者を信じて、「効いてる、効いてる」と思い込むことも大事だ、と聞いたことがあったので、私も先生の手の置かれている場所に全神経を集中し、（今効いてる、今効いてる！）と念じながら二人のエネルギーを集中させていった。

「筋肉の損傷と腰痛に関しましては、治せる、と断言できます。100パーセントですからご安心ください」

パリ経由でソウルに行くくらいだいぶ遠回りしたが、ようやくこの痛み、シビれから救ってくれる先生に辿り着いた。

「はい、これで腰は治りました。じゃあ次に左の肩にいきますね」

「お願いします！」

寝ている状態なのではっきりとはわからないが、いささか腰が楽になったような気がする。この調子で左肩も早く楽にして欲しい。しかし、左肩の施術になると先生が急に言葉を発しなくなった。無言のまま3分ほど経過しただろうか？

「んー、おかしいなー」

先生がポツリと呟く。

「症状がヒドいってことですか？」

「いえ、そうじゃないんです。確かに信号は出てるんですけど、その信号がどこから出ているのかがわからないんです」

「えっ？」

「ちょっと待ってくださいね。入念に調べますから」

「はい、お願いします」

それから先生は再び無言になり、黙々と信号の発信源を見つけることに専念した。そしてしばしののち、ようやく言葉を発した。

「上田さん、見つけました！」

「そうですか⁉」

「はい、左の肩だったんで、左半身をずっと探っていたんですが、なかなか見つかりませんでね。もしやと思って右の脇腹を触ってみたら、なんとそっちにありました」

理由はド素人の私にはよくわからないが、右の脇腹を捻（ひね）ったのが左のほうにきたらしく、これはいくら左の肩に電気治療や鍼を施しても効く訳はない、とのこと。ようやく見つけた安堵感からか、先生は爽やかな笑みをたたえていた。そして私も、（きっとチバニアンを発見した学者の皆さんもこんな気持ちだったんだろうな）と、サンタとサタンくらいのランク差があるのに、同じくらいの喜びを勝手に感じていた。

最後に一つだけ先生からのお言葉があった。

「これで腰も左の肩も治りましたが、上田さんが治ったと実感するのは3日後です」

「？・？・？」

「だいぶ悪かったので、今すぐは治ってません。明日と明後日は申し訳ありませんが、今日の痛みと同じです。でも3日後の土曜日の朝、ウソみたいに痛みが消えて、私にかかってよかった、と思ってもらえるはずです」

今すぐ治ると思っていた私にとっては、いささかトーンダウンの報告ではあったが、あと2日の我慢で治るのであれば、なんとか耐えられる。思いを新たにして、先生に対してガラケーばりに体を真っ二つに折り、最上級の感謝の念をお伝えしてその場を辞した。

次の日の朝、昨日と同じく痛いしシビれている。でもこれは仕方ない。先生の予告通りだ。そしてまた次の日の朝、痛みはまったく変わらない。でも今日だけこの痛みを我慢すれば、明日の朝には元の自分に戻れるのだ。その日は、時折痛みに顔を歪めながらも、なぜか明日訪れるこの痛みという支配からの卒業を前にし、清々しい気持ちすら抱いていた。

そしていよいよ運命の3日後、土曜日の朝、奇跡は起こった！　目を覚ますと、今までに味わったことのない激痛！　ウソみたいに痛みが消えているどころかウソみたいに痛い。まったく治っていないどころか悪化している。普段の倍の痛み止めを飲まないと耐えられない。腰の痛みもまったく取れていない。私が望んだのとは真逆の奇跡！

もちろん、こういった施術や治療は効く人、効かない人がいるので、単に私には効かなかった、ということだとは思う。ただ、こうは思った。何が筋肉の損傷と腰痛は100パーセント治せます、だ！　アキラ100％に対抗して整体師3％でも名乗れ、と。別にこの先生がインチキだと言ってる訳ではない。実際予約が取れないくらいの先生だし、確かに多くの患者さんが救われているそうだし。私に対してもいろいろと手を尽くして下さったことに関しては、心から感謝している。ただ、こうは思った。俺の体には、この施術が一番の不協和音だよ！　凄腕の調律師でも呼んでくれ、と。兎にも角にも、私が今一番疑っている箴言は「信じる者は救われる」だ。

激痛のまま次の日曜日、アクロヨガ発表生放送の日。左肩辺りにはほとんど力が入らず、左手は全体的にシビれっぱなし。練習の時も成功率はさほど高くなく、私も山本アナも不安なまま本番を迎えることとなった。しかしながら、なんとかノルマとされていた二つのポーズを、それぞれ一発で成功させることができた。私のことを奇跡の男と呼んでいただいてなんら差し支えない。

数日後、以上の顚末を有働さんに知らせると、「アラ、治りませんでした？　おかしいですねー？」と、こっちの苦情をカスタマーセンターのベテラン社員ばりに軽く受け流し、「アハハ、ウケるー」と悪びれもせず、同窓会の時に見せるような屈託ない笑顔で去っていかれた。

肉離れのほうは、その後長い時間の経過と共になんとか治ったが、腰の痛みは相変わらずだし、左手の人差し指は、２年以上経った今も毎日24時間シビれている。今この瞬間も、感覚が麻痺した左手人差し指でタイピングしても打てているかどうか今一つわからないため、それ以外の指でなんとかこの原稿を打っている。

あのー、有働さん、いや、おい、有働！　ちゃんと効く先生紹介せんかい！　次回からお弁当に味噌汁付けとくから。

教育

～娘の選択～

私は、自分の子どもたちに、自分と同じ仕事に就いて欲しいとは、つゆほどどころかプランクトンの涙ほども思わない。特に、長女には面白い要素などまったく求めていないし、真面目にすくすくと育って欲しいと思っている。しかし、職業病というのか、もはや病気というのか——。

娘が小学校1年生の時、学校から帰ってくると、ハイテンションで私に話しかけてきた。

「あのねお父さん、きょう、学校でおもしろいことがあってね」

普通のお父さんなら、とびっきりの笑顔で喋り始めた娘の話を、菩薩（ぼさつ）のような微笑みで聞いてあげることだろう。しかし、私は自分のセンサーに引っかかったことを口走ってしまった。

「あのね、何か話をする時に『面白いことがあってね』という入り方はやめなさい。『どんだけ面白いことがあったんだろう?』と、聞く人のハードルが上がるから。そういう時は、『今日、学校で不思議なことがあってね』とか『腹が立つことがあってね』という風に、聞いてる人の意識を他に持っていかせるようにしなさい」

と。私は7歳の娘になんのアドバイスをしてるんだろう――。娘もきっとポカーンとしてるだろうな――、と思って娘の顔を見やると、娘は「なるほど、わかりました、はい！」と真剣な表情で、しかも私に対して初めて敬語で返答した。

いかん、いかん、芸人を育てるつもりなどないのだから、こんなことは教える必要も、インプットさせる必要もないんだ、と反省したつもりだったのだが、その後も、娘が学校のクラスアンケートで、面白い女子1位に選ばれた、と聞くと「よし、良くやった！」と、星野監督ばりに抱きしめて褒め讃えたり、娘が変顔をしたり、面白い動きをした時に限って、「もう一回それやって」とアンコールをお願いし、その都度ビデオカメラを回して記録する、という行動を繰り返してしまっていた。

そして、娘が小学校3年生のある日のことである。

娘と幼稚園の年中の息子と私の3人でお風呂に入っていた。私は体を洗いながら、思わず屁をこいた。すると真横にいた5歳の息子が「あーっ、おとうさん、いまオナラしたでしょ?」とニヤニヤしながら、問いかけてきた。
私「いや、お父さんじゃないよ、お前がしたんじゃないの?」
息子「ぼくじゃないよ、ぜったいおとうさんだよ」
私「いや、お父さんじゃないから。じゃあお姉ちゃんじゃないの?」
その時娘は、髪の毛をシャワーで洗い流しているところで、私と息子のやり取りはまったく聞いていなかったようであった。
娘「ん? なんか言った?」
私「いや、お父さんオナラしたでしょ、って言うから、お父さんじゃないよ、お前だろ、って言ったら、僕じゃないって言うから、じゃあお姉ちゃんじゃないの、って言ってたの」
娘「ちょっとやめてよー、失礼な。私じゃないわよー」
私「じゃあさ、誰がオナラしたと思うか、せーので指差そうよ」
息子「いいよ」
娘「いいよ」
3人「せーの!」
それぞれ、オナラの犯人だと思う人を指差した。息子は私を指差した。当然である。私が犯人なのだから。私は、そこまでの話の流れもよくわかっていないであろう娘を指差した。そして娘が誰を指差しているのか確認すると、娘はなんと娘自身を指差していた。それを見た息子が驚いた顔で問い詰めた。

「なんでおねえちゃんオナラしてないのに、じぶんのことさすの？」

その問いに対する8歳の娘の返答に、今度は私が驚愕した。

「あのね、こういう時は本当かどうかなんてどうでもいいの。その時面白いと思うほうをえらびなさい」

私は思った。モンスターを育ててしまった、と。


この話を後輩芸人にすると、「いやー、それは確かにモンスターですね。だって2年目の芸人でも、そこで自分を指差せるかどうかわかりませんよ」と、自分のライバルが登場したかのように神妙な顔つきで呟いていた。

その後も、娘のモンスターぶりは成長の一途を辿っており、小学校6年生の時、同じくクラスアンケートで、今度は面白い女子2位になった時、娘は、その結果が載っている学級新聞を恐る恐る私に差し出しながら言った。

「お父さん、ゴメン！　2位になっちゃった。私、皆にバンバン突っ込んでたのに、突っ込み側の人間って評価されにくくない？」
と、デビュー4、5年目の突っ込み芸人が味わうジレンマに陥ったりしていた。

そして、その翌年のこと。『おしゃれイズム』の収録で、ゲストに俳優の堤真一さんがいらしたのだが、トークの途中、堤さんが幼稚園児の娘さんの運動会を見て泣いたりするし、娘が結婚するなんて、とても考えられない、という話をされた。そして、「そのうち『一緒にお風呂入らない！』とか言われたらショックだなー」と、少々暗い表情でおっしゃったので、私が自分と娘の話をした。
「ウチの娘は中学1年生なんですけど、いまだに一緒に僕とお風呂入るんですよ。それでこの間一緒にお風呂に入ってる時に、こんなやり取りをしましてね――」

私「お父さんは最近、毎回お前と一緒にお風呂入るの今日が最後なんだろうなぁ、と思って入ってるよ」
娘「なんで？」

私「だって、もし同級生とかに、お父さんと一緒にお風呂入ってるとかバレたらバカにされるかもしれないじゃん」
娘「とっくにバカにされてるんですけど！」
私「は⁉」
娘「友達にもバレてるし、バカにされてるに決まってるじゃん！　でもいいじゃん、別に。私が一緒に入りたいんだから」
私「……」（ジーン）

この話を聞いた堤さんは、「じゃあ、ウチの娘もまだまだ当分一緒にお風呂入ってくれるかなぁ？」と、明るい表情になってくれた。

続けて私は、スタッフに向かってこう言った。

「でもゴメンなー、この話オンエアはしないでくれる？　放送されると、さらに多くの友達にバレて、娘が『アンタお父さんと一緒にお風呂入ってんの？』とかバカにされたり、イジメられたりするかもしれないし、それを機に俺と一緒にお風呂入ってくれなくなったりするかもしれないし」

そしてその日、家に帰ってこの話を娘にして、こうなだめた。

「でも大丈夫！　オンエアはしないでくれって言ったから、ちゃんとカットしてくれるから」

すると娘は、私の肩口辺りを強目に引っ叩いてこう言った。

「なんでカットしてくれ、なんて言ったの！　その話ウケるじゃない！」

私は再び思った。モンスターを育ててしまった、と。

「は？　本当にオンエアしてもいいのか？　それで次の日から、バカにされたりするかもしれないよ？」

「そんなのはどうでもいいよ！　ウケる話はカットしちゃダメだよ！」

娘から許可を得て、私はその場でスタッフに電話をかけた。

「カットしてくれって言った部分、もちろんオンエア上いらないならカットしてかまわないけど、オンエアしたいのに俺がカットしてくれって言ったから、カットしなきゃ、っていう考えは持たなくていいよ」

数週間後、そのくだりはオンエアされていた。

人づてに聞いたところによると、この話がオンエアされた後、私はネットで散々叩かれたらしい。やれ「上田はデリカシーがない！」とか、やれ「娘さんがかわいそうだ！　これで娘さんがグレたらどうするつもりだ！」とか。俺がオンエアして欲しいと言ったわけじゃないんだけどなぁ。カットしちゃダメって言ったの、娘、いやモンスターなんだけどなぁ。

その娘も、最近私が入っているお風呂に入ってくることはさすがになくなった。淋しいような、女性としては真っ当に成長をしているのかな、というちょっとホッとしたような複雑な心境だ。と、ちょうどこの文章を書いている時に、娘からＬＩＮＥが来た。開いてみると、ひたすら変顔写真のオンパレード。やはり真っ当には成長していないようだ。

予習
～本番前のルーティン～

2004年からレギュラー出演させていただいている『世界一受けたい授業』という番組がある。堺正章さんが学校の校長、私が教頭、相方の有田が学級委員長という役柄で、基本的には1時間のオンエアで二つから三つの授業をお送りしている番組だ。

授業と授業の間におよそ10分の休み時間があり、収録は隔週2本録り（2週間分の収録）で行われているのだが、この6～7年、2本目の収録の前に堺校長と私の間でほぼ毎回行っているのが、1本目のゲストを覚えているかどうかを確認し合う、という作業だ。

休み時間のお遊び的なやり取りで始めたことなのだが、これがけっこう難航する。「えーっと、前の列の右端が○○さんで、その後ろが××さんで……」という具合に、多い時で10人近くのゲストをお互いに一人ずつ思い出す。1時間ほど前にお会いしたばかりなので、覚えていて当然なのだ。しかも3時間近く一緒に収録させていただいたのだから。

しかしながら、正直に言うが、堺校長はこのやり取りを始めた当初から、半分弱のゲストしか思い出せない。その時の収録でかなり印象に残る発言や動きをしたゲストですら忘れてしまっている。

「いや、校長、前列の真ん中の人は今日一番目立っていたゲストですよー」

「ん？　目立ってた？　誰でしたっけねー？」

という有様であった。私は時にうなりながら、なかなか出てこない記憶の便秘状態になりながらも、最終的にはなんとか思い出すことに成功していた。あくまで6~7年前は。ところがこの3~4年は、堺校長の正答率は6~7年前とほぼ一緒なのだが、私の正答率がグッと落ちた。時には、1時間前に一緒だったにもかかわらず、顔は出ているが、名前が出てこないという場合もあり、三つの授業のうち思い出せるのは一つの授業だけ、という、もしドラえもんに一つだけ道具をお願いできるなら、間違いなく暗記パンにする、という状況にまで陥ってしまった。これは由々しき事態である。

(この分だと、授業中にゲストの名前が出てこなくなる可能性もあるな。そんな失礼なことはできないな)

危機感を抱いた私は、その頃からあるルーティンを行うようにした。ルーティンといってもそんなたいそうなことではなく、スタジオに入って収録が始まる前の1分くらいの間に、校長と私が立っているテーブルに貼ってある、ゲストの顔写真と名前を、本人の顔と確認しながら刷り込む、という、ただそれだけなのだが……。ちなみにこれは他の番組でもやっている、私の唯一のルーティンだ。この作業は私にとっては効果絶大で、少なくとも本番中に名前が出てこない、という惨状だけは避けることができていた。

ところが2018年だっただろうか。『世界一受けたい授業』の収録の時のことだ。自分の中ではすっかりお馴染みになったルーティンで、その日のゲストの顔と名前を確認し、さあ今日もこれで大丈夫、と一種のおまじない効果を感じながら、本番に突入した。そして数分後、その日の1時間目の授業の最初の問題の時。

「はーい、この問題わかる人？」

私がゲストの皆さんに問いかける。

「はい！」と、Aというゲストが手を挙げる。

「はい、A君！」

「～だと思います」

「なるほど。はい、他？」

今度はBというゲストが手を挙げる。

「はい、B君！」

「〜じゃないかと思うんですが」

順調なやり取りが進んでいた。ところが、である。この直後、恐ろしい瞬間が訪れた。

私の相方が手を挙げた。

（あれ？　こいつの名前なんだっけ？）

なんと名前が出てこないのだ！　出会ってから早30年以上、毎日のように会っている相方の名前が出てこない！

（そういえばコイツの名前、本番前に確認しなかったな）

それはそうである。いくらルーティンで皆の名前を確認するとはいっても、相方の名前が出てこないかもしれない、などという想定はしておらず、一度も相方の名前を確認したことなどなかったのだ。

（マズイ、誰だ？　コイツの名前なんだ？）

時間にすればおそらく1秒弱だったとは思うが、私には永遠とも思えるような時間がゆっくりと流れていた。あの日のあの時間のことを『上田の一番長い日』とのタイトルで、さだまさしさんに一曲作っていただきたいものだ。結局、名前が出てこなかったため、相方を指差しながら「はい！」とだけ言い放ち、相方だからこそ許されるぞんざいな態度で乗り切った。

相方の名前が出てこなかった、という大惨事は相方本人も、堺校長も、他のゲストの方々にもバレることはなく、事なきを得たが、私のヘコみようは尋常ではなく、５００人にハグしてもらわないと立ち直れないレベルであった。あの時の収録テープは、私にとっては「ほんとにあった怖い話」として、「呪いのビデオ」と呼んでいる。

およそ1年後、その時のことを正直に相方に話すと、相方は「終わったな」と一言だけ発し、ドーハの悲劇の時と同じ目で私のほうを見た。

相方は、以前は私の記憶力に全幅の信頼を置いており、20代の頃などは私のことを「フロッピーディスク」と呼んで、エピソードなどをなるべく数多く私に話し、私に記憶させて、のちのち「あの時俺が経験した、あの話ってどんな話だったっけ？」と、私のディスクからデータを引き出す、ということをやっていた。ところが相方は、この「世界一受けたい授業事件」を機に私の記憶力に全幅の不信感を抱いたようで、エピソードなどを話すことがめっきりなくなった。

私は、私の記憶力とプリクラの写真だけは絶対に信じない。

感謝
～心乱されて～

２０１２年。トーク番組『おしゃれイズム』のゲストに、俳優の寺脇康文さんがいらした。いろいろと楽しい話をしていただき、そろそろエンディングという時に、パーソナリティーの藤木直人君から、「もうそろそろ寺脇さんが50歳のお誕生日ということで、番組からプレゼントがあります」と発表があった。

寺脇さんは大の『ルパン三世』ファンらしく、作者のモンキー・パンチ先生がわざわざ描いてくださったルパン三世のイラストとサインがプレゼントであった。寺脇さんは大喜びしてくださり、何度もお礼を言って、いい雰囲気でその日の収録は終了となった。

収録後、楽屋で着替えていると、その日の担当ディレクターが私の楽屋に来て言った。

「じつは上田さんにもプレゼントがあるんです」

「おっ、何？」

「上田さんもルパン三世大好きですよね？」

「うん、好き好き！」

「それ覚えてたんで、じつはモンキー・パンチ先生に上田さんの分も描いてもらったんです」

「マジか⁉」

「そうなんですよー！　先生に『上田さんも大ファンなんでもう1枚描いていただけませんか？』ってお願いして、なんとか描いてもらったんですよー！」

「おー、スゲー、スゲー！　いやー、マジでサンキュー！　スゲー嬉しい！」

大袈裟抜きで、私は踊り出さんばかりに喜んだ。心の中では完全に法被（はっぴ）を着ていた。

「どうぞ！」

ディレクターが差し出した色紙には、「くりぃむしちゅー上田晋也さんへ」と宛名が書かれたモンキー・パンチ先生のサイン、そして次元大介のイラストが描いてあった。

「ん？　あれ？　おっ、あー、サンキュー」

「ん？　どうかしましたか？」

「いや、もちろんスゲー嬉しいし、ありがたいんだけど、なんで次元のイラストなの？」

「だって上田さん、次元のファンですよね？　確か去年の上田さんの誕生日に、スタッフ皆から次元のフィギュアをプレゼントしましたし」

「いや、言いにくいんだけど、俺が好きなの五ェ門だよ」

「えっ⁉　ウソでしょ？　去年プレゼントしたの、次元でしたよね？」

「違うよ、去年もらったの五ェ門のフィギュアだよ」

「えーっ、マジですか？　ウワーッ、やっちゃった」

「いや、やっちゃってはいないけどさ。もちろん次元でも嬉しいよ。嬉しいけど、まあぶっちゃけ五ェ門だったら、なお嬉しかったわなー」

「ありゃー、そうでしたか？　すいません」

「いや、謝ることはないんだけどさ。わざわざもらってきてくれてありがとな」

「すいませんでした、失礼します」


なんだろうこの感じ？　いや、もちろんモンキー・パンチ先生ご本人が描いてくださった貴重な色紙だし、わざわざお願いしてくれたディレクターの親切心、気分を害する要素など一つもない。感謝１００パーセントのはずだ。でも正直、感謝20パーセント減なのだ。いや、失礼なのは重々承知、お前は通信教育で感謝の気持ちを教わってこい、と言われても仕方ないだろう。別に次元が嫌いなわけでもない。次元も好きなキャラクターではある。ただ私は、漫画やアニメのキャラクターで、五ェ門が一番好きと言っても過言ではないほど五ェ門好きなのだ。だから、いささかのガッカリ感があったのは否定できない。

数十分後、再びそのディレクターと顔を合わせた私は、モンキー・パンチ先生にお礼をしたいから、何がお好きなのか、周りのスタッフの人に聞いてくれないか、とお願いした。

数日後、ディレクターからの返答によると、先生はあまりお酒は嗜まれないとのこと。お茶漬けが好物だということだったので、お茶漬けのセットとお礼の手紙を送らせていただくことにした。

その手紙に「次元のイラストありがとうございました。でも私が好きなのはじつは五ェ門でして……」と一瞬書こうかとも思ったが、それは失礼この上ないな、と思い直し、お礼だけを伝えさせていただいた。


それから10日ほど経ったある日。なんと、わざわざモンキー・パンチ先生からおハガキが送られてきた。

「先日は美味しい詰め合わせを頂戴し、ありがとうございました。家中大喜びでいただきました。益々のご活躍を応援しております」というご丁寧な文章、そして先生のサイン、そしてそしてなんと、ハガキの下半分には、お茶碗とお箸を持って「この茶漬け最高‼」と言っているイラスト。誰が？　そう、次元大介！　いや、また次元！

もちろんありがたいよ。だってモンキー・パンチ先生の中では、私は無類の次元好きってことになってるし、だったら、ということで世界に一枚しかない次元を描いてくださった、最高の贈り物なんだから。心から感謝してるし、色紙とそのハガキは額に入れて飾らせていただいてるよ。でも次元なんだよなぁ……。いや次元も好きなんだけどさ。

モンキー・パンチ先生にお会いすることがあったら、摩擦係数の高い私のオデコを地面に擦り付けてでも、五ェ門のイラストを描いてもらおう、と夢想していたが、それも叶わぬ夢となってしまった。今となっては、次元の色紙とハガキが妙に愛おしくなってきて、ルパンの映画を観る時も、次元を中心に観ている自分に気付く。なんとか五ェ門より次元のほうを好きにならないか、と鋭意努力中である。

旅行

～えなり君との二人旅～

えなり君の英語力

私は、俳優のえなりかずき君と仲がいい。付き合い始めたのはこの4年か5年くらいなのだが、一緒にゴルフ、ボクシングジム、アーチェリー、脱出ゲーム、プロレス観戦、観劇ｅｔｃ……、プライベートで一番時間を共に過ごす友人だ。気を遣わなくていいので心地いい。いや、向こうはかなり気を遣っているのかもしれない。

芸能人としてのキャリアは、「えなりかずきです」と「だってしょうがないじゃないか」の二言くらいしか喋れなかったであろう3歳の頃からやっている彼のほうが3年ほど先輩で、芸能界の通例としてはえなり君のほうが先輩になるのだが、私のほうが14歳年上、えなり君は先輩キャラではない、最初の7～8年のキャリアは確固たる意志もなくやっていたはず、芸名が全部平仮名の奴に先輩ヅラされたくない、そっちが絵本を読んでいる時にこちとらエロ本を読んでいたetc……無理やりな理由を並べ立て、私がマウントを取らせてもらう形になっている。だから、えなり君は私を先輩として扱ってくれており、相当気苦労もあるのかもしれない。

彼とは旅行にも何度か行っている。最初の旅行は、2017年の9月。ボクシングのビッグマッチ、ゲンナディ・ゴロフキンvs.サウル・カネロ・アルバレス。歴史に残るチャンピオン同士の世紀の再戦を観にラスベガスに行った。待ち合わせをした成田空港で、「ここ数年英語の勉強をしているので、現地でのやり取りは任せてください」と彼が豪語するので、大船に乗ったつもりで飛行機に乗った。

ところが、トランジットで降りたロサンゼルス国際空港での、単にハンバーガーとジュースを買うというレベルのやり取りすら彼は完遂(かんすい)できず、私は頼んでもいないフィッシュバーガーを食べさせられるハメになった。私が怪訝(けげん)そうな顔をしていると、「あの店員、南部訛りがひどいんですよ」と不機嫌そうに言い訳をし、「まあまあ、ラスベガスにあんなに訛っている人はいないでしょうから大丈夫ですよ」と、ラスベガスへ行ったこともないくせに、相変わらず王者の風格を漂わせていた。

（仮にその店員さんが、南部訛りがひどかったとしても、こっちがオーダーした内容はどうあっても伝わるだろう？　それとも耳が南部訛りってこと？　いや、どういうこと？）

などと思ったが、大人な私は、旅の一歩目でいきなり躓いた彼を、母が子を慈しむような眼差しで温かく見守ってあげた。

ラスベガスに到着し、すでにネットで予約していたホテルのチェックインを彼に任せたが、それもなかなかスムーズには進まず、20分近く経ってからようやくキーを持って現れ、吐き捨てるように言った。

「こんなことってあるんですね。今度は西部訛りのホテルマンでしたよ」

私につけ込ませないように不機嫌のＭＡＸの顔で、彼はエレベーターのほうにツカツカと突き進んで行った。

（いや、予約の紙とパスポート見せれば簡単にすむはずなんだけどな。あんなに不機嫌そうな表情をしている人間は、ベートーヴェンしか見たことないよ。いや、そんなことはないよ）

と思ったが、心の広い私は、躓いて転んだまま起き上がってこられない彼に、丹下段平ばりのエールを、〝あしたのカズキ〟に密かに送った。

試合の４日くらい前からラスベガス入りしていた私たちは、ゴルフをやったりショーを観たり、美味しいご飯を食べたり、カジノでやられたりしながら楽しく過ごしたが、「おー、えなり君やっぱり英語の勉強しているんだな」と思わせるような片鱗をひとかけらも見つけることはできなかった。徳川の埋蔵金より見つけるのが難しかったと思われる。

試合当日、私たち二人の席は、畏れ多くもマイク・タイソンやロベルト・デュラン、フリオ・セサール・チャベスといったボクシング界のレジェンドや、デンゼル・ワシントン、パリス・ヒルトンといったＶＩＰと呼ばれる人たちと同じエリアであった。

すると、セキュリティーの人が何度もえなり君に「チケットを見せろ！」とやってくる。ただでさえ幼く見られがちな東洋人、その東洋人の中でもとびっきり上等のとっちゃん坊やのえなり君である。しかもその日はえなり君なりに正装で観戦しなければ、というボクサーに対しての敬意の表れだったのであろう、ジャケットに蝶ネクタイという出で立ちである。日本の文化を知らない人でも「Ｏｈ！　七五三の帰りダヨネ？」と思うであろう風貌であった。

そんなエリアに、えなり君がいることが不思議でならなかったのだろう、私にチケットを見せろ、とは一度も言ってこないが、えなり君のところにはさっきと同じセキュリティーの人が、二度三度とやってくる。そして毎回「コイツがこの席のチケットを持っていることが理解できない」というような表情で、持ち場に戻る。

「幼く見えるかもしれないけど30歳過ぎてるし、このチケットも正規のルートで入手したモノだよ、って英語で説明すればいいじゃん」と私が言っても、「シドロモドロ」の語源ってお前か？　と思わせるほどの最上級のシドロモドロっぷりを見せつけるだけで、とうとう最後には、セキュリティーのトップとやらの人がやってきて、「何度もすまないが、部下が私にもあなたのチケットを確認して欲しいと言うんだ」となるまでの始末であった。

「僕がここに座っていることは軽犯罪ですか？」と言わんばかりの表情で、しかしそれを英語で伝えることのできないえなり君は、素直に本日5回目のチケット提示をし、なんとかその席に座ることを許された。

「あのセキュリティー、東部訛りっぽかったもんね？」と、私が繋ぎなし皮肉100パーセントで言ったにもかかわらず、「そうなんですよねー」と真顔で返してきた。今にも「Why American people?」と言いそうな様相であった。

（いや、お前どこ訛りなら聞き取れるんだよ！　そもそも、どこ訛りか聞き分けられる奴はネイティブだよ！）と思ったが、器のデカい私は、その日のラウンドガールを超える笑顔で〝厚切りカズキ〟を受け入れた。

帰りの空港でも、なんとか失態を取り戻そうとしたのか、なるべくスムーズに私を最短距離で乗り継ぎさせようと、えなり君は率先して熟練ツアーコンダクターばりにグイグイ私を引っ張っていき、気付いた時には立入禁止区域にアテンドし、もう少しで出国できなくなるのではないかというくらい質問、いや尋問され、えなり君はお前スヌーズ機能でも付いてんのか、というくらいただただひたすら「プリーズ！」を繰り返し、なんとかギリギリ乗り継ぎの便に間に合う、という失態を演じてくれた。

失態を演じさせたらアカデミー主演男優賞は間違いなく彼に輝くだろう。私は今までに乗ったことのない大きな泥舟をそっと降りて、飛行機に乗り換えた。

アルピニスト・えなり君

二度目の旅行は2020年。1月8〜10日まで2泊3日でどこか旅行に行こう、ということになった。まず私がいくつか候補を出した。

「シンガポールとかはどうかね？」

「んー、2泊だとちょっとバタバタかもしれませんねー。たとえば山陰とかはどうですか？」

「まあ、確かに2泊だとバタバタかー。山陰ね、山陰もいいかもね。でもこの時期もし雪が降ってたりするんなら、東北地方で雪景色の温泉なんてのもいいかもね？」

「あー、東北ですかー。山陰はどうですかね？」

「うん、まあ山陰でもいいんだけどね。京都でお寺巡り三昧なんてのはどうかね？」

「あー、京都ですかー。山陰はどうですかね？」

——どうやら絶対山陰に決めているらしい。意志がチタンよりカタい。完全に押し切られ、山陰に決まった。よっぽど山陰で行きたい所があるんだろうな、と思い、山陰の旅のスケジュールは、えなり君にお任せすることにした。

当日、羽田空港で待ち合わせすると、まず「山陰 旅のしおり」と題された数ページの冊子を渡された。完全なるえなり君の手作りで、3日間のスケジュールがビッシリと書き込まれていた。何時にここに移動して、お昼ご飯はここで食べて、次の移動は車で40分で、次の場所の滞在時間は50分でなど、それぞれの場所の写真をネットから引っ張ってきて、貼り付けてあった。『るるぶ山陰』を書いたのはコイツかしら、と思わせるほどの充実ぶりで、彼の今回の旅への並々ならぬ思いがヒシヒシと伝わってきた。

鳥取空港に到着し、レンタカーを借りてまずは浦富海岸という澄みきった海が美しいリアス式海岸に行き、なるべく映える場所を探してお互いを撮り合った。二人ともインスタやってないのに。その後、鳥取砂丘に向かったものの、当日のNHKのニュースでも報じられたのだが猛烈な砂嵐に見舞われ、残念ながら鳥取砂丘を満喫することはできず、次の場所へとシフトチェンジした。

今回の旅程すべてを任せている私は、えなり君編集の旅のしおりを開き、次の場所について聞いてみた。

「これはトウニュウドウっていうの？」

「ナゲイレドウ（投入堂）です。僕が今回の旅で一番行きたい国宝で、ちょっとだけ山に入るかもしれませんがいいですか？」

「うん、全然いいよー！」

軽く返事を返し、他愛もない会話をしながら、えなり君の希望の場所に向かった。現地に着いて車を降りると、テンション高めのジイさんが我々に声をかけてきた。

「おやおや、オタクさんらレンタカーでどこから来はった？」

「あぁ、どうも。東京からです。ここが投入堂ですか？」

「そうや、日本一危険な国宝や」

この時はまだ、〝危険〟の意味が私には理解できていなかった。滅多にお目にかかれない〝ヤバイ〟仏像がある、くらいの意味なんだろうな、としか思っていなかった。

「よう来はったな」

どうやらここの関係者らしい。

受付の前まで行くと、そのジイさんも付いてきた。

「この人たち東京から来はったらしいわ。今日山入れる？」

「いやー、天気が悪くて足元が滑りますから、今日は無理ですねー」

「なんでや？　開けんかい。せっかく東京から来はったんや」

「いえ、住職、そう言われましてもこの天気ですから」

「何を言うとんねん！　大丈夫や、開けんかい」

どうやらジイさんは、ここのご住職らしい。元々ここに何があるのかも知らずに連れてこられた私は、当然のことながら見たい物があるどころか、何があるのかさえ知らない訳であるから、「いえ、ご住職、本当に大丈夫ですから、ご無理のないようにお願いします」

と丁重にお断りした。

すると、私の声で受付の方が「ん？」という顔をされ、私とえなり君を交互に見て、「アラ、上田さんとえなりさんですか？　アラ、わざわざどうも」と笑顔で会釈をしてくれた。と、住職が、「ん？　なんや芸能人か？　誰や？」と、アンミカさんと同じ種類のグイグイさ加減で聞いてくる。

「ホラ、住職、くりぃむしちゅーの上田さんと俳優のえなりかずきさんですよー」

「おー、なんや、くりぃむしちゅーか？　知っとるでー！　えなりさんも知っとるでー！おー、よう来た、よう来た！　よっしゃ、ほな山開けんかい！」

再び受付のほうを見やり、開山を要求する。

「いえ、ご住職、本当にそんな特別に開けていただく必要ないですから」

「違うねん、違うねん、特別扱いやなしに、これくらいの天気やったらいつも開けとんねん。大丈夫や、入ってええで」

何があるのかも知らない私は、正直どっちでもよかったので、丁重にお断りしていたのだが、えなり君は今回一番行きたい場所だったため、「無理に開けていただかなくても……」などとは、一切言わない。一応大人のやり取りとしてでも言うだろう、と思ったが、「自分の願望＞社交辞令」だったようで、まだ受付の方が「開ける」とも言っていないのに、食い気味に「ありがとうございます」とのたまっていた。

そして数十段の階段を上り、本堂でお参りし、（なるほど、落ち着いた感じのお寺だな）とほぼ満足していたら、あにはからんや、ようやくここから山の入り口だという。登山事務所なるものがあり、まずはそこで靴のチェック。

「あー、その靴では入山できませんねー。こちらに履き替えていただけますか？」と、わらじを渡された。えなり君に「ちょっとだけ山に入るかもしれません」と伝えられていた私は、（もうすでにちょっとだけ山に入ったじゃないか）と戸惑いつつ、「もうこれ以上先に進むのやめとこうか？」と提案しようかとえなり君を見ると、なんと彼は登山用のシューズをリュックから取り出し、軍手をはめ、アルピニスト・野口健のような表情で山のほうをキッと見据えているではないか！

（これはとても断れる空気じゃないな）

あきらめた私は、わらじの履き方を教わり、軍手と水を購入し、後ろ向きという意味では私かボートの漕ぎ手か、というくらいの後ろ向きでシブシブ進み始めた。すると、先ほどのご住職がやってきて、「二人だけで大丈夫か？　案内させようか？」とおっしゃる。

5分ほど山に入るだけだろう、と勝手な推測をしていた私は、「あっ、大丈夫です！

ご親切にありがとうございます」と丁重にお断りしたのだが、かのえなり君が、「いや、ここはお願いしましょう。素人二人では危険ですから」と、6万4000キロカロリーくらいの熱量で案内をお願いした。

案内にはご住職の息子さんが付いてくださることになった。山に入る前に、息子さんの説明が始まる。

息子「えー、これから我々はこの世ではない場所に行くことになります」

えなり「はい！」

私「?・?・?・?・?」

息子「この世ではない場所に行くためには、修行の身という立場を取ることになりますので、この輪袈裟（わげさ）を掛けていただくことになります」

えなり「はい！」

私「?・?・?・?・?」

息子「この川が三途（さんず）の川ということになりますので、山へ入らせていただくという謙虚なお気持ちでお願いいたします。ではこれからおよそ2時間の修行の旅になります」

えなり「お願いします！」

私「2時間？？？」

人生で初めて、ヨルシカばりに高い声で聞き直したが、息子さんとアルピニスト・えなりがズンズン進んでいくため、付いて行かざるを得ない。

歩き始めて5分で、ご住職のおっしゃっていた「日本一危険な国宝」の意味がわかった。ただただ本当に危険なのだ。険しい岩に打ち付けられている鎖を伝いながら登ったり、道なき道を木の枝に必死に掴まりながら歩を進めたりと、一歩も油断できるところがない。「ファイトー！」「いっぱーつ！」のCMを撮影するようなところなのだ。

ご住職の息子さん曰く、毎年のように滑落事故で救助のヘリコプターがやってくるし、過去には亡くなった人もいる、とのこと。どこをどう間違っても、NO意気込みで入るようなところではない。私が思い描いた、2泊3日ののんびりレジャーでもなんでもない。今朝家を出た時には、こんなサバイバルが待ち受けているなんて、1ミクロンも思っていなかった。

1月上旬、冷たい雨が降った直後ということもあり、指むき出しのわらじで足の感覚は完全になくなり、岩、斜面、木の枝は滑るところばかり。私は途中何回か、生まれて初めて「死」というものを意識した。普段はあまり集中力のない私だが、この時ばかりは文字通り一歩一歩踏みしめながら、這々の体、というよりむしろ後半は匍匐前進のような状態で、なんとか投入堂に到着した。

この投入堂、三徳山の標高500メートル地点の岩壁に張り付くように建っているお堂。

確かに、こんなに険しい山道を、身一つで登ってくるだけでもギリギリなのに、どうやって建築資材を運んできたのか皆目見当が付かない不思議な国宝。役行者が仏堂を、法力で下界から岩屋に投げ入れた、という伝承から「投入堂」と名付けられたそうな。

厳かというか霊験あらたかというか、辿り着くまでの苦難とも相まって、（三蔵法師が天竺に着いた時ってこんな気分だったんだろうな）と思うほどであった。心身共に休息の欲しい状態だったが、なるべく早目に下山しないと暗くなり、かなり足元が危険な状態になると聞き、天竺気分もそこそこどころか、投入堂にタッチアンドゴーの速さで撤退することになった。しかも息子さん曰く、滑落事故の大半は下山時に起こる、とのこと。

往路は、二人分の水やえなり君こだわりのデカめのカメラ、えなり君の財布やえなり君の替えのシューズ。考えてみれば私の物は山に入る直前に買った水だけだったのだが、こういった物が入ったリュックを交代で背負いながら登った。しかし、登り以上に神経を使う復路は、私より14歳も年下なのに、私の14パーセントほどの体力しかないえなり君、虫の息どころかミジンコの息になっており、最初から最後まで私がリュックを背負って降りることになった。次に山を登る時は、登山の準備の前に、ラマーズ法でいいから呼吸法を教わっておいて欲しいものだ。

さて、こうやって、往復約2時間のデスロード、なんとか無事生還した。大袈裟抜きで生還という感じであった。正直これはテレビのロケでも断るレベル。それを、レジャーの初日に、しかも「ちょっとコンビニ寄ってもいいですか?」くらいの感覚で誘われ、身も心も持ち物も準備なしのマイナス三刀流で付き合わされた悲劇。シェークスピアでも書けないくらいの悲劇であった。登山口に戻ると、先ほどのご住職が我々の帰りを待っていてくださった。

「どうや、危なかったやろ? 日本一危険な国宝や!」

「いや、住職、こんなに危ないならちゃんと説明しといてくださいよー! っていうか、なんで山開けさせたんですかー! もうずっと開けないほうがいいですよー!」と理不尽な文句をぶつけたが、ご住職はケラケラと笑って、受け流すだけだった。

その後、ご住職の息子さんは、お疲れであるにもかかわらず、宝物殿の仏像をご丁寧に説明してくださり、拝観時間ギリギリまで我々の相手をしてくださった。

最後に皆さんと一緒に写真を撮ろうということになったのだが、ほぼ肌着にステテコみたいな状態だったご住職は、「わしはこんな格好やからええわ」と遠慮なさる。受付の方が、「せっかくですから住職も一緒に撮らせていただきましょうよ」ともう一度水を向けると、「ほなちょっと待っといてや！」と、桐生祥秀くらいの速度で奥のほうに走っていかれた。

約2分後に戻ってこられたご住職は、全国の位の高い僧侶が集合する時のような立派な出で立ちで、しかもキャラも先ほどとはちょいと変わって、落ち着いた感じになられていた。

三徳山三佛寺(さんぶつじ)の皆さんには、本当にお世話になった。ご住職をはじめ、その息子さん、受付の方、皆さんいい人たちばかりで、すごく親切にしてくださったし、またいずれご挨拶に伺おうとは思うが、投入堂にはもう行かない。投入堂を見る前に走馬灯を見ることになるだろうから。いや、私が心の準備ゼロで行ったから、ものすごく過酷に感じたのかもしれない。ちゃんと登山の準備と、それ以上の心の準備をして行けば、「また行ってみよう」と思うのかもしれないが……。

笑顔で皆さんとお別れをし、その日の旅館に向かうため、再びレンタカーに乗り込んだ。旅館までは私が運転をする予定であったが、私はとっとと助手席に乗り込んだ。なぜなら、ほぼ凍傷状態で足の感覚がなかったから。アクセルとブレーキの区別どころか右足と左足の区別もつかない状態で運転などできるはずもない。

そこから旅館までの車中、あんな過酷なことを事前に一切言わなかったこと、しかも「ちょっとコンビニ寄ってもいいですか？」くらいの感覚で誘ったこと、シューズとか軍手とか登山用の準備がえなり君だけ万端だったことｅｔｃ……、おかしいと思われる点について逐一、辣腕(らつわん)検察官ばりに被告を追い込んでやった。

尋問の最初のほうでは、「アレ、言いませんでしたっけ？」などと、すっトボけた返答をしていた被告だが、とうとう最後には「だってしょうがないじゃないか！」と、なんの解決策にもならない伝家の宝刀を抜いてきて、旅館の駐車場に車を滑り込ませやがった。

食事と風呂をすませ、今まで感じたことのないような心身の疲れから、その日は夜10時という前代未聞の早さで床についた。

出雲大社通のえなり君

次の日、朝起きて、「おはよう」より先に、まずは今日の旅程に昨日みたいなサバイバルが入っていないことを何度となく確認し、旅のしおりに従い8時半には出発した。その日はまず足立美術館の立派な庭園に感嘆の声を漏らし、横山大観の作品に圧倒され、松江城そばのうなぎ屋さんで舌鼓を打ち、松江城天守で歴史に身を委ね、最後に出雲大社に行くことになった。

参道の入り口辺りに車を停め、私が持参していた「るるぶ」を持っていったほうがいいかと尋ねると、「持っていかなくて大丈夫です」と言う。

なんでもえなり君は、1年半くらい前にも出雲大社に参ったとのことで、一度も参ったことのない私のために、わざわざもう一度旅のスケジュールに入れてくれたようだ。えなり君の優しさに感謝しつつ長い参道を歩き、「さすが神無月に全国の八百万(やおよろず)の神々が集まる神社は雰囲気が違うね」などと、わかった風な口を利きながら、拝殿のすぐ手前まで来た時に凡ミスをしてしまったことに気が付いた。

49歳の時から、今さらながらに集め始めた御朱印帳を車に忘れてしまったのだ。しかし、車に戻るにはまた10分近く歩かなければならない。それはさすがにしんどいな、と思い御朱印はあきらめよう、ということになった。拝殿に至ると、「あれが、かの有名な大注連(しめ)縄(なわ)ですよ！」とえなり君が言う。しかし、私がテレビなどで見た注連縄と、随分サイズが違うように感じる。いや、ついさっき車の中で見た「るるぶ」でも、もっと大きかったような気がする。えなり君に率直にその疑問をぶつけてみた。

「あー、あれはワイドレンズで撮ってますからねー。大きく見えるんですよ。まあプロの技術といえるかもしれませんねー」

とのこと。そういうもんかと思い、お参りをし、神秘的な空気を感じながら御本殿を一周。お正月だしおみくじでも引こうか、と御守所に行くと、その向かいでたくさんの人が御朱印帳を広げて並んでいる。

「どうしようかなー、やっぱり出雲大社の御朱印は欲しいよね？」

「そうですねー、僕も欲しいですかねー。じゃあこうしましょう。ここのすぐ側に駐車場があるんですよ。今から車に戻って、そこからこの駐車場に停め直して、御朱印もらいにいきませんか？　前回はすぐそこの駐車場に停めたんですけど、今回は参道を歩きたかったんで、ちょっと遠い駐車場に停めたんですよねー」

「そうなんだ？　じゃあそうしよう！」

御朱印をもらえる喜びから上り坂の参道もさほど苦にならず、先に停めた駐車場から新たな駐車場へとスムーズに移動した。さすが1年半前にも来ている、エキスパートえなり君の言うように、そこの駐車場から御朱印がもらえる場所までは歩いて1分ほどであった。

御朱印をもらった我々は、満足度100パーセントの気分で再び駐車場へと足を向けた。

すると、小さめの門を出た辺りに、人だかりができており、やたらと写真を撮っているではないか。

「えなり君、あそこには何があるの？」

「いえ、あそこには特に何もないですよ」

何もないのに人だかりができる訳がない。訝しく思った私は、そっちのほうに歩を進めると、なんと、これこそ本当になんと、だ。

なんと、出雲大社のシンボル、大注連縄がそこにあるではないか！

「おい、アレだろ、注連縄！」

図書館なら確実に出入り禁止にされるくらいのボリュームで私がえなり君に問いかけると、えなり君はお得意のシドロモドロで「………アッ、アレは、しっ、注連縄の、レッ、レプリカです」と、ナスカの地上絵よりも謎なことを口走り、現実から逃れたいばっかりに駐車場に戻ろうとまででした。

そんなえなり君には委細かまわずズンズン進んでいくと、やはり間違いない、私がイメージしていた大注連縄であった。出雲大社の、あの有名な大注連縄は、鳥居をくぐってすぐの拝殿ではなく、別の敷地にある神楽殿（かぐらでん）というところにあるのだ。

「お前マジか？　とんでもないことになるところだったよ。俺がやっぱり御朱印欲しいって言わなかったら、一番の見所見ずに帰るところだったよ」

「す、すいません」

「しかも今後、誰かと出雲大社の話になった時に、『意外とあの注連縄って小さいよね』って言うとこだったよ」

「す、すいません」

「そこで、『えっ、アレそんなに大きくないんですか？』って言う人がいたら、『うん、あれはワイドレンズで撮ってるからねー。大きく見えるんだよ。まあプロの技術ともいえるかもしれないねー』って言うとこだったわ！」

「す、すいません」

「っていうか、ここに大注連縄があることも知らずに、よく『るるぶ』持ってこなくていいです』って言えたな？」

「す、すいません」

「ってことは、お前1年半前に来た時も、この大注連縄見ずに帰ったたってことだよね?」

「…………はい」

2日連続で、不審と思われる点について被告を追い込むことになった。

列に並んで我々も交互に写真を撮り、なんとか事なきを得、大注連縄を発見した私のファインプレーに胸を撫で下ろし、安堵しつつ車に戻った。

えなり君の運転する車が駐車場を出た辺りで「るるぶ」に載っている大注連縄と比較するために、えなり君に撮ってもらった、私の携帯の画像を開いて見た。すると、その写真の上方には、レンズに入ったえなり君の指がデカデカと写っていた。まだ神様の敷地から出てはいなかったが、私はサンシャイン池崎のボリュームで、神をも畏れず絶叫した。

「死ねーーーーーーー!」

その後も旅館までの車中では、ワイドレンズで撮ってるって一言は何、プロの技術で注連縄が大きくなるってどういうこと、よく偉そうに「るるぶ」いりませんって言えたよね、そもそも注連縄のレプリカって何、などという詰問がループで繰り返され、被告は旅館の駐車場が見えてくると、伝家の宝刀「だってしょうがないじゃないか!」で逃げきった。

いや逃げきったことになってないけどね。

はっきり言うが、旅行に行くたびにえなり君にはかなり迷惑をかけられている。そういえば、今思い出したが、ラスベガスで散々チェックインで手間取ったくせに、後で気付いたら、私より景色のいい部屋を確保してやがった。向こうが私に気を遣っている訳がない。絶対に私のほうが気を遣っている。一緒に旅していてこんなに迷惑をかけるヤツを、私はキングボンビー以外に知らない。

そんなえなりと、次は金沢に行こうかという話をしている。

昔話突っ込み

序文

30年近く前から常々思っていることがある。

この世の中、圧倒的にボケの人間が多い——と。

このことを思い始めた30年近く前は、8割くらいの人がボケだったように思う。この10年くらいのネットやSNSの普及などで、常識から外れた言動に対して指摘する人が増え、炎上することも日常茶飯事になったため、突っ込み目線の人がだいぶ増えたようには思うが、それでも今も6割5分くらいはボケの人だと思う。65パーセント対35パーセント、30パーセントの差はじつに大きい。

あらかじめ申し上げておくが、突っ込みのほうが難しいから35パーセントしかいない、という意味ではない。もちろん、ボケの人が多いから面白い、という意味でもない。どちらが優秀とか、良いとか悪いとか、そういう意味ではない。ただ単に、ボケの人のほうが多い、という意味である。しかし、少なくともバランスが悪い、とはいえるのではないだろうか？

巷（ちまた）で行われている人々のやり取りを聞いていても、決してボケと突っ込みにはなっていない。ほぼボケとボケである。この場合のボケは、必ずしもあからさまな、いわゆるふざけているボケだけではない。笑いを取ろうとしたボケはもちろん、言った本人がボケたつもりのない、ちょっとした言葉の間違いや、主語、述語、接続詞の間違い、テンションやトーンにいささか違和感がある、話の流れ、展開が不可解である、常識的な考えから多少ズレている、などなど面白いかどうかではなく、要するに間違えている、ズレているというものをボケ、それを訂正するのを突っ込み、と考えていただきたい。

しかし、言った本人がボケているつもりのないことでも、今のを訂正すればひと笑い起こるのにもったいないと、じれったい気持ちになることも頻繁にあるし、少なくとも今のは訂正しないと話がどんどんズレていったり、誤解を招いたりするのではないか——と不安になることもしばしばである。もちろん、意気揚々と突っ込んでいる人も見かけないわけではないが、突っ込んでいるつもりでも、その突っ込みがズレている人がほとんどであるし、ズレているということは、結果的にボケている、ということに他ならない。そもそも、そのズレに疑いすら持っていない人が大半である。

お笑い芸人で優秀なボケの人は、突っ込みの視点を持っている。それが如実に現れるのが、テレビでお笑い芸人が一人でロケに出て、町なかの人に道を聞いたり、お店の人と会話をしたり、ほんの束の間、出会った人と絡むシーンである。

普段、スタジオなどではボケまくっている芸人、中には天然ボケというキャラで売っているにもかかわらず、町なかの人と絡むとそのボケの芸人が突っ込んでいる、というシーンを皆さんも見た覚えがあるのではないだろうか？

正直、このようなシーンは多々ある。町なかのおじさんやおばさんが、普通の会話をしているつもりでも、その発言は随分とぶっ飛んでいるため、本来ボケ側の芸人がそれに突っ込んで笑いにする。逆に、芸人が気持ち良くボケてみたのに、町なかの人が突っ込むこともなく、もしくは突っ込んだがその突っ込みがズレているために、ボケた芸人側が最終的に突っ込んでようやく着地させるケースもある。

つまり、町なかの人を相手にする場合、生粋のボケ芸人でも突っ込みに回らざるを得ないのである。「アラー」などと、ボケに対してリアクションを取ってくれる人に遭遇するだけでも十分なくらいだ。

時には、ボケた芸人も町なかの人も両者共に処理をしない、という状況もあり、その場合は最終手段として、ディレクターが編集で突っ込みテロップやナレーションを入れて処理することになる。町なかで突っ込みの人を見つけることは、ボケの人を見つけるよりかなり難易度が高い。

さて、ではなぜ、このように突っ込みの人間より、ボケの人間のほうが多いのであろうか？

私は、その元凶は昔話にあると考えている。

昔話は、荒唐無稽な話であることがほとんどだが、無茶な話であるにもかかわらず、登場人物に突っ込みのポジションを担っている人はまずいない。よって、それを読む（聞く）幼児が昔話のどの登場人物に感情移入しても、すなわちボケになってしまうし、自然とボケの感覚が育まれることになる。

どの登場人物にも感情移入せずに、客観的に読んだ（聞いた）人間が後々突っ込みになるのではないか？　よって、ちゃんと昔話に突っ込んでいる物語があれば、世の中のボケと突っ込みの比率もバランス良くなるのではないか？　そしてそもそも、数百年間ボケっ放しになっている昔話を、そのまま処理せず放っといては、それらの話を生み出したボケの方々に失礼というものではなかろうか？

以上の理由から、僭越ながらいくつかの昔話に突っ込んでみることにしようと思う。

※昔話はいろんな文献を参考にして書いた。内容は諸説あると思うが、万が一苦情があったとしても一切受け付けないので、予めご了承いただきたい。

MUKASHI BANASHI 1

戦力

桃太郎

むかし　むかし、

二度手間だよ！　ボルヴィックの水割りか！

あるところに、

漠然としてんな！　来月の午後、都内で会おうね、っていうタイプか！

おじいさんとおばあさんが暮らしていました。

至って普通だよ！　こんなに普通なのは『かもめはかもめ』以来だよ！　いや、『かもめはかもめ』より桃太郎のほうが前だよ！

おじいさんは山へ柴刈りに、おばあさんは川へ洗濯に出かけていきました。

それで生活できるのか心配だよ！　大西ライオンでも「心配しかないさー」って言うよ！

おばあさんが川で洗濯をしているところへ、川上からドンブラコ～、ドンブラコッコ～と、大きな桃が流れてきました。

なんでドンブラコ～、ドンブラコッコ～ってちょっとだけ変化させたんだ！　アハ体験か！

おばあさんは喜んで大きな桃を拾い上げて、家へ持って帰りました。

なかなかの怪力だな！　お前ならボウリングの球をオーバースローでいけるよ！

山から戻ってきたおじいさんに、大きくて立派な桃があることを伝え、さっそく食べようと、桃を切ったら、中から元気な男の子が生まれてきました。

淡々とお送りすんな！　中華料理屋の厨房みたいにベタベタですいません、みたいな書き方しやがって！

おじいさんとおばあさんには、子どもがいなかったため、二人はとても喜びました。

いや、キモいだろ、桃から生まれた子ども！　後々桃になる可能性あるからね、人間から植物の桃、ダーウィンでも退化論を唱えるわ！

桃から生まれた男の子なので、名を「桃太郎」と付けました。

素直な人たちだなー！　きっと「午後の紅茶」を午前中には飲まないんだろうな！

桃太郎は、おじいさんとおばあさんの愛情に包まれながら育ち、立派な強い男の子に成長しました。

はしょり過ぎじゃない？　子丑寅戌亥、みたいなもんだよ！

成長した桃太郎は、おじいさんとおばあさんに言いました。

「悪い鬼を退治しに、鬼ヶ島へ行ってきます」

急展開だな！　〝土曜日遊園地　一年たったらハネムーーン♪〟か！

おじいさんとおばあさんは黍(きび)を石臼でひいて、きびだんごを作り、桃太郎に持たせました。

身軽過ぎじゃない？　お前海外旅行もポシェット一つで行くだろ？　いや、その前にじいさん、ばあさんも止めろよ！　自分の子どもが鬼と対決だよ、相手にならないよ、寺田心くん対チェ・ホンマンみたいなもんだよ！

桃太郎が鬼ヶ島へ向かって歩いていると、犬がやってきて、「桃太郎さん、どこへ行くのですか」と、聞いてきました。

なんで名前知ってんだよ！　桃太郎、名札付けてんのか！

「鬼ヶ島へ、鬼退治」

普通に会話すんな！　イヌが喋ったことに驚け！　お前はリアクション下手だから『世界の果てまでイッテQ！』には出られないよ！

「お腰に付けたものは何ですか」

失礼だよ！　お前のは質問ではなくプライバシーの侵害だよ！

「日本一のきびだんご」

だいぶ背伸びしたな！　それだけの背伸びはトウシューズ履いてないとできないよ！

「それ一つくださいな。お供します」

お前軽いな！　マイケル富岡より軽いな！

桃太郎がお供の犬を連れて歩いていると、猿が出てきました。

「桃太郎さん、どこへ行くのですか」

お前も桃太郎知ってたんのかよ！　ひょっとしたら桃太郎、『TIME』誌の「最も影響力のある25人」にでも選ばれたのか！

「鬼ヶ島へ、鬼退治」

何回繰り返すんだよ！　ドン・キホーテの店内で流れてる曲か！

「それでは、お供しますから、お腰に付けたきびだんご、一つくださいな」

お前も？　きびだんご1個で殺し請け負うかねー？　50円で仕事を引き受けるゴルゴ13みたいなもんだよ！　っていうか、俺イヌとサル仲悪いって聞いてたけど大丈夫か？　アンパンマンとばいきんまんが手を組んだ、みたいなもんだよ！

桃太郎がお供の犬と猿を連れて歩いていると、今度は雉が出てきました。

いや、イヌ、サルはまだわかるけど、このラインナップにキジは違和感あるだろ！　信長、秀吉、コウメ太夫、みたいなもんだよ！

「桃太郎さん、どこへ行くのですか」

皆名前知ってんな！　和田アキ子さんと同じくらいの知名度だな！

「鬼ヶ島へ、鬼退治」

同じことしか言わねーな！　お前ドラクエの村人か！

「それでは、お供しますから、お腰に付けたきびだんご、一つくださいな」

っていうか、サルが喋ろうがキジが喋ろうが桃太郎全然驚かねーな！　今日ディレクターからリアクション禁止令出されてんのか！

桃太郎は、お供の犬、猿、雉と一緒に山を越えて、海を渡り、ようやく鬼ヶ島へ辿り着きました。

いや、桃太郎もきびだんご一つだけで雇うって、ブラック企業の走りだな！

鬼ヶ島では、鬼たちが村から盗んだ宝物やご馳走を山と積んで、飲めや歌えやの大騒ぎです。

じいさんの村かなり裕福だったんだな！　食べ物も盗られたなら柴刈りだけでは食っていけないよ、たぶん桃太郎も栄養足りてないよ、じいさんばあさん責任感ねーな、一日駅長くらいの責任感だな！

「今だ、かかれ！」

桃太郎が言いました。

いや、こんなゲリラ的なやり方、鬼たちと同じレベルだよ！　桃太郎と鬼、スコアレスドローだよ！

鬼を相手に犬は噛みつき、猿は顔をひっかき、雉はくちばしで目を突っつきました。

よくその技だけで現地に行ったな！　バカ田大学の一芸入試でも落とされるよ！

それを見た桃太郎も、刀を振り上げて飛び込みました。

いや、ここまではイヌ、サル、キジに任せてたのかよ！　任務がハード過ぎるよ、初めてのおつかいが遣隋使みたいなもんだよ！

鬼の頭目はとうとう降参し、ひれ伏して、桃太郎に許しを請いました。

スゲー番狂わせだな！　野球の試合で大阪桐蔭に女子高が勝った、みたいなもんだよ！

桃太郎の一行は、宝物を荷車に積んで運び、村へ帰りました。

荷車あったっけ？　いや、お前たちも荷車とかいろいろ盗んでんじゃん、「海賊王に俺たちはなる!!」か！

おじいさんとおばあさんは、桃太郎が無事帰ってきて大変喜びました。

じゃあ最初から行かせるなよ！　ホントは宝物のほうを喜んでんだろ、欲深いなー、お前がのちのち「舌切り雀」のバアさんになるんだろ、いや「桃太郎」と「舌切り雀」、どっちが先か知らねーよ！

おじいさんとおばあさんと桃太郎は、鬼ヶ島から持ってきた宝物のおかげで幸せに暮らしましたとさ。

やっぱり宝物に喜んでたんじゃねーか！　お前たちすぐバレるな、お前たちには絶対人狼になってほしくないよ！

めでたし、めでたし。

めでたかねーよ！

MUKASHI BANASHI ②

経年

浦島太郎

むかし、むかし、
二度手間だよ！　ご飯味のふりかけみたいなもんだよ！
ある村に、
アバウト過ぎるよ！　お前住所を地球儀で教えるタイプか！
浦島太郎という若者が住んでいました。
今のところ全然食いつかないよ！　断食の時ばりに食いつかないよ！

ある日、太郎が浜辺を歩いていると、
もう下の名前で呼び捨てかよ、フワちゃん著か！
村の子どもたちが大きな亀を囲んでいます。
どれくらい大きいのか判然としないよ！　比較対象としてショートホープと比べろ！　もしくは

東京ドーム！

近づいてみると、どうやらみんなで亀をいじめているようです。

いじめてることくらいそばに寄らなくてもわかるだろ！　鈍いよ、お前はおそらく奥さんがスキンヘッドにしても気付かないよ！

「あー、そんなことしないで、かわいそうだから逃がしておやりよ」

穏やかだな！　お前『龍が如く』も、話し合いでクリアしていくタイプだろ！

「嫌だ！　捕まえたのはおいらたちだ。おいらたちの好きにしていいじゃないか」

悪いなー、お前たちのことは今後番号で呼ぶぞ！

亀は涙をハラハラとこぼしています。

内縁の妻みてぇな泣き方だな！

太郎は懐からお金を取り出し、「その亀を売っておくれ」と言いました。

えっ、まさかのおカネで解決？　お主も悪よのー？

「うん、わかった」

今この海辺には、倫理上正しい奴は誰もいないよ！　ある意味鬼ヶ島だよ！

子どもたちが去ると、太郎は亀に「もう二度と、捕まるんじゃないよ」と言い、海へ逃がしてあげました。

いい気になってんじゃねーよ！　自分に酔うどころか自分に二日酔いするタイプだな！

それから2、3日経ったある日のこと。

2日か3日かは、ほんの少し考えればはっきりするはずだよ！　メソポタミア文明みたいに幅を設けるな！

太郎が海で釣りをしていると、

カメは逃がすけど、魚は捕まえるのな、裏表激しいな、お前は浦島の浦を裏に変えろ！

海面から頭を出した亀が、「浦島さん……浦島太郎さん」と呼んでいます。

あの日、名乗ってないのに、なんで浦島の名前知ってんだよ！　ＣＩＡ並みの情報取集能力だな！

「先日は助けていただき、ありがとうございました」

この前の子どもたちも喋って驚かせればよかったんだよ、喋れるカメは怖いよ、富士急のお化け屋敷より怖いよ！

「ああはいはい、あの時の亀さんだね」

普通に会話すんな！　カメが喋ってんだよ、死人が目覚ますくらい驚きのことだよ！

「そうです。この間は助けてくださり、ありがとうございました。ところで浦島さんは竜宮へ行ったことがありますか？」

流れがおかしいよ、ヘビメタから演歌のメドレーか！

「いやないけど、どこにあるんだい、その竜宮とやらは」

どこにあるかの前に竜宮が何かを聞けよ！　聞く順番がおかしいよ、「結婚してくれませんか、あとお名前は？」みたいなもんだよ！

「海の底です」

行ったことあるわけねーだろこのカメ！　「ユニコーンのスネ肉食べたことありますか？」と同レベルの質問だよ！

「海の底へなんか行けないよ」

お前やっとまともな返しができたな！　遅いよ、11月に「冷やし中華はじめました」くらい遅いよ！

「わたしがお連れしますから、甲羅に乗ってください」

浦島の呼吸のこと考えてやれ、それとも浦島えら呼吸できるのか？

亀は太郎を甲羅に乗せると、海の中をグイグイ潜っていきました。

グイグイ潜っちゃダメなんだよ！　窒素酔いして思考力が低下したり、体が思うように動かせなくなったりするって、スキューバダイビングのインストラクターに聞いたし！

海の中は、色とりどりの魚が泳ぎ、昆布の森や、色鮮やかな珊瑚の林が広がっています。

呑気なこと言ってんじゃねーよ！　呼吸困難になった浦島の幻覚じゃねーのか！

「いや〜、すごく綺麗だな〜」

浦島やっぱりえら呼吸できるみたい！　なら自力で泳げ、お前完全にカメのオーナー気取りだろ！

美しい海の中をさらに進んでいくと、海の底から、とても立派な宮殿が現れました。

よく海中に宮殿建てられたな！『大改造!!劇的ビフォーアフター』、毎回その匠でいいよ！

宮殿の中から、綺麗な色の魚、さらに美しい乙姫様（おとひめ）が出てきて、太郎を迎えてくれました。

いや、海中に住んでんのすごくない？　お前どこにでも住めるよ。お前ならモデルルームに住みつくのも楽勝だよ！

「ようこそ竜宮へ、浦島太郎さん。

浦島の名前知れ渡ってんなー！　おそらく前日yahoo!の「急上昇ワード」のトップになったんだろうな！

私は、この竜宮で暮らしている乙姫です。

自分で姫って言うかね？　あんまり自ら役職言わないよ、芋洗坂係長くらいだよ！

先日は、海辺で亀を助けてくださり、大変ありがとうございました。

そのカメには名前ないのね？　自分は乙という名前に、姫って役職まで丁寧に言ったのに、差が激しいよ、エルメスと売店くらいの差があるよ！

ゆっくりしていってください」

ゆっくりってどれくらい？　ファミレスの「ごゆっくりどうぞ」も7泊8日は怒られるだろ？

はっきりしてくんないと困るよ、多目的トイレ、みたいな漠然とした言い方すんな！

そして宴が始まり、魚たちが次々と豪華な料理を運んできました。

魚が思うご馳走はなんだよ！　ミミズとかルアーだろ、人間様は御免こうむるよ！

広間には、妙(たえ)なる音楽が流れて、タイやヒラメたちの可憐で美しい踊りも始まりました。

アイツらは揺らいでるだけだよ！　カラダの構造上、マイケル・ジャクソン的な動きはできないはずだよ！

うっとりと見とれていた太郎は、ここが極楽のように感じました。

いや、極楽もどういう所か知らねーけどな！　誰も知らねーんだから、極楽じゃなくて、「天国を超えた」、って言ってもいいよ。極楽を超えた、全米が泣いた、南米が引いた、なんのことだ！

太郎は竜宮城で楽しい日々を過ごし、はたと気が付けば3年の月日が流れていました。

のんびりしてんな！　お前はマツコ・デラックスに対抗して浦島リラックスと名乗れ！

ある日、太郎は、乙姫様に言いました。

「これまでありがとうございました。そろそろ家に帰ろうと思います」

3年居させてもらったお礼が軽過ぎるよ！　国・数・英・理・社・技術・家庭・音楽・美術・体育・道徳・倫理・政治・経済、全部教えてくれた先生に「チース」くらいの感じだよ！

「えっ、帰るのですか？　太郎さんさえよければ、ずっとここで暮らしてください」

そんなに帰るの意外かね？　宮下あきら先生が少女漫画描いた、みたいな感じかね？

「家族や友もおりますので、帰らせてください」

お前その人たちのこと忘れてたじゃねーか！　お前の愛情は金箔より薄いよ！

乙姫様は一生懸命引き留めましたが、太郎の意志は変わりませんでした。

お前浦島のこと好きだったんだ？　〝こんなに好きにさせといて、「勝手に好きになった」はないでしょー♪〟いや、あるよ！　お前は勝手に好きになったとしか思えないよ！

太郎の気持ちが変わらないことがわかると、乙姫様は、「この玉手箱をお持ちください」と言い、美しい箱を太郎に渡しました。

お馴染みの物を、みたいな言い方すんな！「玉手箱」なんて初耳だよ、小耳どころか大耳にも挟んだことないよ！

「え、玉手、箱ですか?」

浦島、お前ちょいちょいまともなリアクション取るよな？　安定しないんだよ、バランスボールの上でコメントしてんのか？

「この箱は、絶対に開けないでください」

じゃあいらねーよ！　開けられない箱はただのゴミだよ、ゴミ箱以下なんだよ！

太郎は玉手箱を受け取ると、

なんで受け取ったんだよ！　お前女子からプレゼントって渡されたら、生ゴミにリボンかけられててても受け取るだろ！

乙姫様に別れを告げ、太郎は亀に故郷の浜辺まで送ってもらいました。

考えてみりゃ竜宮城って、人は乙姫しか住んでないのか？　タイ、ヒラメ、乙姫ってラインナップおかしいだろ、ドラキュラ、狼男、広瀬すず、みたいなもんだよ！

故郷の村に戻ってきた太郎は、辺りを見渡し、とても驚きました。

会う人は知らない人ばかりで、家々も変わっています。

村の雰囲気も、出会う人も知らなかったら、普通は送ってもらった場所間違えたって思うんじゃねーかな？　なんで場所に関しては絶対の自信を持ってんだよ、お前GPS付いてんのか！

太郎は道で出会った老人に、浦島太郎という者を知っているか尋ねました。

「ああ、その人なら700年前に、海へ出かけたまま、それっきり帰ってこなかったそうですよ」

失踪事件、よく700年も語り継がれてたな！　いや、その前に700年経ってんなら、浦島の言葉もさほど伝わらなかったんじゃねーのか、吉田兼好が令和にやってきた、みたいなもんだからね、「つれづれなるままに、日暮らし、硯にむかひて、心にうつりゆくよしなし事を、そこはかとなく書きつくれば、あやしうこそものぐるほしけれ」とか言われても、こちとら「は？」の一文字だよ！

老人の話を聞いた太郎は驚いて、

そんな話、すんなり信じるかね？　お前デーモン閣下の年齢も信じてるだろ！

「家族も友達も、みな死んでしまったのか……」

当たり前だよ！　朝飯作るのなんて朝飯前くらい当たり前だよ！　っていうか700年経ってるのになんでお前だけ生きてんだよ！　えっ、ヨーダってお前のこと？

途方に暮れ、がっくりと肩を落とした太郎は、乙姫様がくれた玉手箱を見ました。

肩落とすくらいですむかね？　高校球児の最後の夏が終わった、くらいですますなよ！

（……ひょっとしてこれを開ければ、自分が暮らしていた時代に戻るかもしれない）

どんな発想？　ぶっ飛んでるなー、レディー・ガガより奇抜な発想してんな！

そう考えた太郎は、とうとう玉手箱を開けてしまいました。

絶対開けちゃダメって言われてただろ！　乙姫の「絶対開けちゃダメ」をダチョウ倶楽部の「絶対に押すなよ！」と同じニュアンスで受け止めたのか！

すると箱の中から、もくもくと、真っ白な煙が立ち上り、竜宮や乙姫様の姿が映し出されています。

まさかのプロジェクションマッピング？

（そうか、私は、竜宮へ戻ってきたんだ！）と思って太郎は、大変な喜びようです。

なら故郷へ戻ってこなきゃよかったじゃねーか！　お前みたいな奴がムショを心地良く感じるんだよ！

しかし煙が徐々に消えていくと、そこにいたのは、髪の毛も髭も真っ白になったおじいさん姿の太郎でした。

どういう結末だよ！　納得いかないよ、無料イベントでも金返せって言いたくなる結末だよ！

めでたし、めでたし。

どこがめでたいんだよ！　書いてるお前がおめでたいだけだよ！

MUKASHI BANASHI ③

返礼

鶴の恩返し

むかし、むかし、
二度手間だよ！　毎日がエブリデイ、みたいなもんだよ！

貧しい暮らしをしている、心根の優しいおじいさんとおばあさんがいました。

貧しい、って最初に紹介すること？　24時間テレビのオープニングで「サライ」歌ってる、みたいなもんだよ！

ある寒い冬の日のことです。

寒い、って冬はたいてい寒いんだから、わざわざ言う必要ないよ！　和風納豆味って言うようなもんだよ！

おじいさんは、山で拾ったたきぎを売りに、町へ出かけました。

それ売れるのか？　東京ドームで雨ガッパの売り子やってます、くらい売れないんじゃない？

その道すがら、田んぼの中で、一羽の鶴が罠にかかっておりました。

かわいそうに思ったおじいさんは、鶴を逃がしました。

でも、農家にとってはにっくき敵だからね、農家からしたら現行犯を釈放したのと一緒ってことは肝に銘じとけよ！

鶴は「クゥー」と鳴きながら嬉しそうに羽ばたき、おじいさんの上を何度か回って、山の向こうへ飛んで行きました。

ツルの鳴き声ってホントにそうなのか？　あてにならないよ、不動産屋の徒歩５分、みたいなもんだよ！

その日はとても寒い日で、夕方から雪が降り始め、たいそう積もって大雪になりました。

積もって大雪になるわけじゃないよ、大雪だから積もったんだよ！　順番がおかしいよ、『スター・ウォーズ』シリーズか！

おじいさんがおばあさんに、罠にかかった鶴を救った話をしていると、入り口の戸を叩く音が聞こえてきました。

大雪の夜に訪ねてくる奴は怪しいよ！　権限なくても職務質問したほうがいいよ！

若い女の人の声で、「夜分にすみません。どうか戸を開けてくださいませんか」と言っています。

こんな日にいきなり開けろって、ツラの皮ぶ厚いなー！　お前のツラの皮で野球のグローブ作りたいよ！

戸を開けると、全身雪まみれの娘が立っていました。

雪はらってから戸を叩けよ！　お前絶対それアピールだよな。アピール力、猪木に匹敵するよ！

驚いたおばあさんは、「あらまあ、冷えたでしょう。早くこちらにお入りなさい」と、娘を家に入れました。

あっさり入れたな！　お前が税関職員だったら毎日テロだよ！

「人を訪ねてきたのですが、雪は降るし、日は暮れてしまうしで、道に迷ってしまいました。どうか一晩泊めてください」

あつかましいなー！　お前ならタクシーでヒッチハイクできるよ！

そう言って、娘は深々と頭を下げました。

そんなことされたら断れないよ！　もし断ったら、この日だけで日記帳1冊埋まるくらいの反省になるよ！

「ご覧の通り貧しい家ですが、遠慮せずにお泊まりなさい」

ホントに優しいいな、俺はアンタをグランドマザー・テレサと呼びたいよ！

たいそう喜んだ娘は、この家に泊まることにしました。

泊まることにしましたじゃねーよ！　お前が泊めてくださいって言ったんだよ！　ばあさんが立憲民主党の辻元清美ばりにグイグイくるから致し方なく、みたいに言うな！

翌朝、おばあさんが起きると、娘はすでに働いていました。

誠意がありますアピールはいらないよ！　〝誠意〟大将軍ってお前のことだっけ？

娘は、いろりとかまどの火をおこし、鍋でお湯を沸かしてひと仕事終えていました。

人の家で勝手に火使うのも図々しいよ！　我が物顔だな、〝この世は私のためにある♪〟か！

炊事だけでなく、家中が綺麗に掃除されていました。

逆に嫌味だよ！　それまでサボってたばあさん反省するよ、その足で『有吉反省会』に行くよ！

大雪は何日も続いたので、外に出ることすらできません。

知らない娘と何日も缶詰は気まずいよ！　風俗で相席より気まずいよ！

おじいさんは、娘に肩を揉んでもらいました。

とはいえ素人のやってることですから、揉み返しにご注意ください！

「本当に働き者で気が利いて、心優しい娘さんじゃ。ずっと家にいてくれたら、どんなに嬉しいか」

まったくそそられないお誘いだよ！　〝みんなではこう鬼のパンツ♪〟みたいなもんだよ！

ある日、娘が言いました。

「どうぞ、この家にいさせてください。私には身寄りがないのです」

やっぱり最初からそれが目的だったんだろ！　お前この辺に人を訪ねてきたって言ってたじゃねーか、お前ウソばっかだな、さては東スポに記事書いてんのお前だろ！

娘の申し出にたいそう喜んだおじいさんとおばあさんは、娘と一緒に、貧しくても、幸せに暮らしました。

「貧しくても」ってもういいよ！　同じ情報ばっかり、朝の番組かと思われるよ！

ある日のことです。

ずっとある日のことだったよ！　ある日が〝おのののか〟の〝の〟ばりに重なってるよ！

娘はおじいさんに、機(はた)を織って織物を作りたいから、糸を買ってきて欲しいとお願いしました。

貧乏だっつってんだろーが！　居候のくせしてワガママ言ってんじゃねーよ、お気に入りのキャバ嬢じゃねーからワガママ受け入れねーよ！

さっそくおじいさんが糸を買ってくると、
あっさり買ってきたのかよ！　なんで断れない？　お前そのうち連帯保証人の欄にサインさせられるぞ！

娘は、「織物ができるまで、絶対に部屋を覗かないでください」

と告げ、機を織り始めました。

お前ワガママ放題だな！　のちの加藤紗里である、か！


娘が機を織り始めて、３日目の夜。

３日続けてりゃ気になってしょうがないよ、『鬼滅の刃』の今後より、お前の３日後のほうが気になるよ！


一巻きの織物を持って部屋から出てきた娘は、

「おじい様、おばあ様、私が織ったこの織物を町へ売りにいって、売ったお金でまた糸を買ってきてくれませんか」

と言いました。

お前が売りにいけよ！　年寄りに長距離歩かすな、お前は家庭科の成績はいいけど、道徳の成績

0点だよ！

おじいさんがこの織物を町へ売りにいくと、殿様がとても高く買ってくれました。

よく殿様から金取れたな！　マグロの頬肉より取れないと言われてるんだよ！

おじいさんは大喜びして、娘に頼まれていた糸を買って帰りました。

完全に娘に操られてんじゃねーか！　俺は人形浄瑠璃（じょうるり）を見てる気分だよ！

糸をもらった娘は再び、機を織り始めました。

別に意外じゃねーよ！　糸買ってこいって言ったんだからそうなるだろうね、「あたりまえ体操」に入れてもいいくらい当然の結果だよ！

「あの娘はなんで、あんなに美しい織物を織れるのかしらね。ちょっとだけ、覗いてみましょう」

覗くなって言われたのに反発してんな！　お前みたいな枕だけは使いたくないよ！

おばあさんがこっそり覗いてみると、そこには痩せこけた一羽の鶴が、長いくちばしで自分の羽根を抜き、機を織っていたのです。

ツルが？　器用だなー、お前ならＤＩＹでサグラダ・ファミリア造れるんじゃない？

驚いたおばあさんは、おじいさんに話しました。

話す前に、悲鳴とかあげるだろ！　お前は冷静だよ、ドリー・ファンク・ジュニアより冷静だよ！

ギーパッタンという機の音がやみ、かなり痩せた娘が織物を持って部屋から出てきました。

いつの間にツルと入れ替わったんだよ！　時間帯でチーママが代わる飲み屋か！

「おじい様、おばあ様。私は以前、助けられた鶴なのです。

いや、この段階では娘＝ツルだとは思ってないよ！　すんなりとは飲み込めないよ、水なしで粉薬飲めって言われた時みたいだよ！　いや全然それ以上だよ！

恩返しのために、娘の姿になってお二人のもとにやってきました。

いとも簡単みたいに言うな、お前にとっては2ピースのパズル完成させるくらいの感じか！

でも、姿を見られたのでお別れです。

お前いつも自分の感情でしか動かないよね、お前煩悩三百八つくらいあるだろ！

どうぞ、いつまでもお達者でいてくださいませ」
勝手に〆るな、今の時代のじいさんばあさんなら〝俺の話を聞け〜！　５分だけでもいい〜！♪〟って歌うところだよ！　いや、歌わねーよ！

娘は、おじいさんとおばあさんが呼び止めるのも聞かないで、
難しい年頃か！
鶴になって空へと飛び立ちました。
ツルになって、じゃねーよ、もともとツルなんだよ！　順序がおかしいよ、キュリー夫人のダンナみたいなもんだよ！

そうして鶴は家の上を、三度回り、「クゥー」と鳴いて、はるか山の向こうへ飛んでいきました。
毎回同じ鳴き方じゃ感情の区別つかねーよ！　ブラジャーと見せブラくらい区別つかねーよ！

「おーい、鶴や〜。お前も、元気でいておくれ。今まで、本当にありがとう」
お前ひょっとして娘の名前も聞いてなかったのかよ！　今まで何やってたんだよ、喫茶店のドアに「コーヒーはじめました」って書いてあるようなもんだよ！

おじいさんとおばあさんは、いつまでもいつまでも鶴が飛んでいったほうを眺めていました。
いつまでもいつまでも、は絶対ウソだよ！　長くて4～5分だろ、大袈裟なんだよ、お前10分の外出を家出って言うタイプだろ！

めでたし、めでたし。
だからどこがめでたいんだよ！　お前地獄でもピースサインできるタイプだな！

跋文

昔話突っ込み

以上、三つの昔話に突っ込んでみて思った。そもそも昔話や民話に感情移入せず、醒めた視点で読む（聞く）幼児など可愛らしくない。昔話を作った人も物語に突っ込まれるなんて、感謝どころか検閲されているような気分だろう。そして何より、この十数年くらいの生きづらさ、世の中の窮屈さは、1割5分くらい増えた突っ込みのせいではないだろうか？　巷でのやり取りも、皆少しのミスやズレを、気付いてはいても優しくスルーしてあげているだけなんだと思う。そういうのをいちいち指摘する奴がいるから、世の中生きづらくなったんだと思う。——突っ込みの人間なんて少ないに越したことはない。

不安

～息子が抱えていたギモン～

息子が時に心配になる。小学4年生の時のある日、神妙な顔つきで問いかけてきた。

「お父さん、一つ聞きたいことがあるんだけど……」

「ん？　どうした？」

息子の思い詰めたような表情に、緊張が走る。私は固唾を飲んで次の質問を待った。

「あのね、ふなっしーっているじゃん？」

「ん？　ふなっしー？　あのゆるキャラの？」

「そう」

「ん？　ふなっしーがどうした？」

「ふなっしーって、中に人、入ってないよね？」

「入ってるわ！　入ってるに決まってんだろ！　じゃあお前、ああいう生き物だと思ってんの？」

「あー、そうなんだー、アハハ、そりゃそうだよね、ハハ（汗）」

「お前大丈夫？　４年生にもなって、そんなこともわかんないの？」

「アハハ、いや、ひょっとしたら、と思っただけだよ（汗）。でもさ、でもさ」

「ん？　何？」

「ねば～る君の中には人、入ってないよね？」

「入っとるわーーーー！」


つい先日も、テレビを観ながらこう尋ねてきた。

「ねぇ、お父さん、椿鬼奴って本名？」

「そんなわけあるか！　どこに娘の名前に〝鬼〟って入れる親がいるんだよ！　〝鬼な奴〟ってどんな願いだよ！」

「ほう」

「ほう、じゃないわ！」

ちょこちょこ心配になる。お父さん、ＫＡＮに対抗して〝心配だ～からね～♪〟って曲をリリースしようかと思ってるよ！

苗字

～キャディさんの言い間違い～

40歳くらいの時、おぎやはぎの矢作とアンタッチャブルの柴田と3人でゴルフに行った時のこと。

日本のゴルフ場では、セルフプレーでない場合、まずプレーを始める前にキャディさんが、プレーヤーそれぞれのクラブの確認をする。

「おはようございます、今日キャディを務めさせていただきます○○です。よろしくお願いします。ではクラブの確認をさせていただきます。上田様、ウッドが4本、アイアンが9本、パターが1本、合計14本でよろしいでしょうか？」

といった具合。これは、他人のクラブと間違える、プレー後に本数が足りない、などのトラブルを防ぐためだ。その日のキャディさんも、普通になんの違和感もなく、それぞれのクラブ確認をした。

「矢作様、ウッドが4本、アイアンが9本、パターが1本、合計14本でよろしいでしょうか？　はい、お預かりいたします。えー、柴田様、ウッドが……、アイアンが……、パター……、合計14本でよろしいでしょうか？　お預かりいたします。上田様、ウッド………14本でよろしいでしょうか？　はい、それではケガに気を付けて、まいりましょう。よろしくお願いいたします」

まあゴルフ場では、必ず見られるお馴染みのやり取り。キャディさんが出てきたらまず行われること。猪木さんが出てきたら「元気ですかー！」みたいなもの。ここまではなんの違和感もなかった。

ところが、プレーを始めて3ホール目くらいから、そのキャディさんが、私のことは「上田さん」と呼んでくれるが、矢作のことは「小木さん」、柴田のことは「山崎さん」と、それぞれの相方の名字で呼び始めたのだ。最初はキャディさんの軽いボケだと思っていたが、これが3ホールほど続くし、しかも至って真面目な表情。どうやらマジで間違えていらっしゃるんだな、という話になり、一番後輩の柴田が、

「あのー、キャディさん、別にいいんですけどね、この人は小木さんじゃなくて矢作さん、って、俺は山崎じゃなくて柴田ね。いや、別にいいんですけど、いいんですけど、一応ね」

と、キャディさんの間違いを指摘した。

おそらく60代だと思われるキャディさん、大雨の日のワイパーばりに慌ただしく動きながら、

「あぁーっ、どうもすいません！　いえ、いつも皆さんの番組観させていただいてて、今日は皆さんとご一緒ってことでちょっと緊張してしまいまして。なんだかこんがらがっちゃいまして。すいません。さっきまではちゃんと覚えてたつもりなんですけど。本当に申し訳ございません」

と、だいぶ年下の我々に、そこまで謝らなくても、というくらいの平身低頭ぶり。

「いえいえ、別にいいんですよ。全然問題ないですから」

矢作も柴田も笑顔で応じたが、キャディさんはまだ自分の間違いをひたすら反省し、独り呟いていらっしゃる。

「あー、なんで名前間違えちゃったんだろう？　クラブ確認の時はちゃんとしてたのに……」

そう、確かにクラブ確認の時はちゃんとしていらしたし、そんなに緊張していらっしゃるようにも見えなかったのだが、なんのタイミングでそうなったのか、レイトン教授でも解けない謎である。

猛省なさったキャディさん、次のホールからは矢作のことは「矢作さん」、柴田のことは「柴田さん」と、ちゃんとリセットなさった。

が、今度は私のことを「有田さん」と呼び始めた。いるよね、誰かしらの名字をシャッフルしなきゃ気がすまない人って。いないわ！　新たな間違いを指摘して、MAXレベルにテンパったキャディさんがどんな動きをするのか見てみたい気もしたが、土下座を超えてスケルトンの選手ばりに突っ伏されても困るので、そこから私は「有田」として過ごすことにした。

「有田さん、何番アイアンになさいますか？」と言われるたびに、我々3人はケラケラ笑っていたのだが、最後までキャディさんが気付くことはなかった。

都合11、12ホール、私は「有田」として過ごしたので、おそらく、いまだにあのキャディさんの中では私は「有田」のままだろう。ってことは、有田は「上田」になってるのかな？　いや『君の名は。』か！　いや『君の名は。』ってこんなんじゃないわ！

熊本
～上田アニの実力～

1～2年に一度、故郷熊本に帰る。

熊本に帰ると、昼間はゴルフ、夜は飲み、という毎日を繰り返すことになる。ゴルフや飲み会は、高校時代の友人たち、という毎日同じ顔ぶれと過ごすのだが、その集まりに私の兄が顔を出すこともちょこちょこある。

兄は、熊本でテレビやCMなどの制作をやるかたわら、ご当地タレントとでもいうのだろうか、テレビやラジオに出演したりもしている。私が出演している東京のテレビにも、番組スタッフが私の困った顔見たさに、悪戯（いたずら）心で兄を出演させたりすることが年に一、二度あるので、ご覧になったことがある方もいらっしゃるかもしれない。

私が43歳のおりに熊本に帰った時。いつものように高校時代の友人たちと食事をする約束になっていたのだが、たまたま私と兄が早目に店に到着し、しばらく二人っきりで話をする時間があった。ちょうどいい機会だと思い、ちょっと前から気になっていたことを兄にぶつけてみた。

「もう制作の仕事に集中してさ、タレント活動っぽいのはやめたら？　正直東京の番組に来るのも面倒臭いし」

兄は突然の私の告白に戸惑ったような表情をしていたが、すぐさま反論してきた。

「いや、俺は俺の実力でタレントとしてやってるんだし、別にお前の力は借りてないし、俺は俺のオリジナリティーでやってるんだから、お前にそんなことを言われる筋合いはない」

と。その割には「上田アニ」という名前で活動している。〝アニ〟を名乗っているということは、大前提として私の存在を借りているということに他ならないのだが……。

（まあ兄貴が熊本でほんのたまーにテレビに出たりラジオに出たりするのを、そんなに目くじら立てることもないか）

などと思っているところに友人たちがやってきたので、話はそこまで、となった。

ところが、そんな私の存在ありきの「上田アニ」と私が、熊本で一緒に行動していると、〝アニ〟のほうは気付かれるが、私は気付かれない、という珍現象が頻繁に起きる。

その日の夜も、食事をすませ、次の店に移動している時、「あっ、上田アニだ！」とか、「あー、握手してください！」などと〝アニ〟ばかり声をかけられる。

隣に「上田アニ」の〝上田〟のほうがいるのに。いや、「私は全国区のスターだ！」などという驕った考えを持っているわけではない。だがしかし、少なくとも〝アニ〟よりは俺のほうが有名でしょ？　とは言いたくなる。だって兄貴の芸名からしても〝上田〟のほうは俺なんだから。いや、まあ兄貴も〝上田〟ではあるんだが。わかるよね、このニュアンス？

とにかく声をかけられるのは兄ばかりで、私は一向に気付かれない。別に私が『ミッション：インポッシブル』のイーサン・ハントばりに変装している訳でもない。兄も私も帽子を被っているくらいで、変装度合いはちょうど同じ、テニスの審判がいたら「デュース！」と言うだろう。

兄は次の店で帰ったが、私と友人数人はもう一軒行こうということになり、お姉さんが隣に付いてくれるお店に行くことになった。

私の隣に付いてくれたお姉さんは、「うわっ、芸能人だ！」みたいなテンションでもなく、「こんばんはー」と普通に挨拶をし、「今日も暑かったですねー」と、普通に会話をし始めてくれた。

「今日はテレビのお仕事だったんですかー?」

「いや、今日は昼間、ゴルフ行ってた」

別に仕事のことをことさら興味本位で聞いてくるわけでもなく、どのお客さんにもそうするかのように、普通のトーンでやり取りしてくれる。滅多には行かないが、こういうお店に行くと、得てして、「えーっ、上田さんですかー? いつもテレビ観てますー! サイン欲しいんだけど!」などとテンション高目に言われることが多く、もちろんそう言っていただけるだけありがたいのだが、他のテーブルのお客さんの視線が気になったり、落ち着かない思いをしたりすることが多いのも事実なのだ。

この日のお姉さんの至って普通のトーンに、(たぶん気を遣ってテンションを上げないようにしてくれてるんだな)と、そのプロ魂に感心し、かつその配慮に感謝して、そのまま会話を続けた。

美味しいお酒を飲みながら、一緒に行っていた友人をイジったり、取り留めもない世間話などをしたりして約20分後。私の隣に座っていたプロフェッショナルのお姉さんが、私の顔をマジマジと見ながら、突然、アルプススタンドの応援団長くらいの声で叫んだ。

「えっ、弟さんーーー?」

どうやら私のことをずっと「上田アニ」だと思い込んでいたらしい。どうりで「今日はテレビだったんですかー?」などの会話も普通にハマるはずである。

気付いた後はそのお姉さん、芸能界事情や一緒に仕事をした芸能人で誰が一番カッコ良かったかなど、今日の『おしゃれイズム』のゲストは俺か、とばかりに質問攻勢を仕かけてきた。プロフェッショナルさも配慮もビタ一文なかった。

次の日。十数人でゴルフコンペをやった。この日も「上田アニ」は参加していた。私と兄がパターの練習をしていると、中学生のゴルフ部と思しき数人が、「おい、見ろよ、あれ『上田アニ』だよ！『上田アニ』の本物がいるぜ！」と興奮気味にはしゃいでいる。

いや、そのすぐ隣に〝上田〟いるよ、と思いながら兄を見ると、マスターズの時のタイガー・ウッズの如き振る舞いで手を振って応えていた。

(そもそも「上田アニ」の本物って何？〝アニ〟って時点で本物じゃないんじゃないかな？いや、別に俺が本物ってわけでもないんだけどさ。それに「上田アニ」の偽物って存在しないだろ？たとえば矢沢B吉を見て「矢沢B吉の本物だ！」とは言わないだろう？じゃあ仮に、矢沢B吉に似ている人がいたとしても、その人を矢沢B吉の偽物とは思わないだろう？　矢沢永吉の偽物と思うだろう？　ん？　そういうこととは違うのかな？）

そんなことを考えながら、パターの練習などさほど身が入らず、1番ホールへ向かった。

プレー前にキャディさんがメンバーそれぞれのクラブの本数を確認した。

「〇〇××さん、おはようございます、14本でよろしいですね、よろしくお願いします。はい、△△□□さん、おはようございます、14本ですね、よろしくお願いします。えー、上田晋也さん、アラ？」

「あっ、どうも、よろしくお願いします」

私は、ありったけの笑顔で挨拶をした。

「アラ、くりぃむしちゅーの上田さんと同じ名前じゃないですか？　はい14本でよろしいですね、よろしくお願いします」

「……そ、そうなんですよ、同姓同名なんですよ。よろしくお願いします」

一緒にいた高校時代の同級生や後輩に冷笑され、いい恥をかいた。ありったけの笑顔じゃなく、ありきたりの笑顔にしとけばよかった。

3番ホールのティーグランドに来た時、キャディさんがマジマジと私の顔を見る。ようやく本人だと気付いてくれたかな、と多少の安堵感に包まれようとした時、キャディさんはこう言った。

「お客さんは、くりぃむしちゅーの上田さんと名前も一緒だけど、鼻から下辺りも似てらっしゃるわー」

キャディさん本日2回目のOB。出身地の熊本のゴルフ場で、同姓同名で、顔の半分が似てたら、くりぃむしちゅーの上田本人と思わないものだろうか？　一緒にプレーしていた後輩も、ニヤニヤしながら私に話しかけてきた。

「あのキャディさん、マジですかね？」

「あのトーンは、確実にマジだな」

「いや、普通気付くでしょう？」

「んー」

「しかも晋也さんの特徴は、どっちかというと鼻から上辺り、おでこでしょう？」

「うん、俺もそう思う。でもあのキャディさんからしたら、顔の上半分は似てないらしい」

後輩はケラケラ笑いながら、キャディさんに言った。

「キャディさん、くりぃむしちゅーの上田さんは45歳だけど、こっちの上田さんは43歳だから、こっちの上田さんのほうが若いんですよー」

と、よくわからないからかい方をしてさらにケラケラと笑っていた。その後輩の笑い方に、どうやら自分がからかわれている、と思った節のキャディさん。「謎はすべて解けた！」みたいなヒラメキ顔でこう言った。

「あー、わかった。わかったー！」

（ようやく気付いてくれたか。長い道のりだった）

「本当は43歳じゃなくて44歳なんでしょう？」

「いや、そっちー？」

私も思わず本番と同じトーンで突っ込んでしまった。しかし、その本番さながらの突っ込みは「スピードラーニング」ばりに聞き流され、「おばちゃんをからかってもダメですからね。すぐわかるんだから」と、オードリーの春日ばりに胸を張って、堂々とされていた。「南アルプスの天然水」を超える天然であった。

結局そのキャディさんは、私がくりぃむしちゅーの上田本人であることには最後まで気付かず、前半の9ホールが終了した。昼食時は、前半のプレーを振り返る話など一切なく、もっぱらそのキャディさんの振る舞いを振り返ることと相成った。

そのゴルフ場は、前半9ホールと後半9ホールでキャディさんが交代するシステムで、そのキャディさんと後半もご一緒できないのが甚だ残念ではあったが、昼食を終え、気分をリセットして後半楽しもう、ということになり、私だけいち早く、ゴルフクラブを載せたカートへと向かった。

すでに後半担当のキャディさんが待っていて、挨拶を交わした。

「後半担当の〇〇と申します、よろしくお願いいたします。まずはクラブ確認をさせてください」

「はい、お願いします」

「…………」

「…………」

お互いにしばしの沈黙。なぜ本数を確認しないのだろう、と私が訝しげにキャディさんの顔を覗き込むと、キャディさんは呆れ顔で私にこう言った。

「いや、お客さん、名前を言っていただかないと、どのクラブがお客さんのクラブかわかりませんので」

私は調子に乗っていたと思う。顔を見せれば「上田」だと認識してもらえ、キャディさんが「上田」のネームプレートが付いたバッグを探し、クラブ確認をしてくれるもの、と思い込んでいた。前半あれだけの目に遭ったのに。天狗になっていたと言っても過言ではない。日本史史上これだけの慢心は、桶狭間でくつろぐ今川義元以来だろう。

「あぁ、すいません。上田晋也と申します。よろしくお願いします」

お詫びをしてクラブ確認をしてもらった。当然のことながら、そのキャディさんにも「くりぃむしちゅーの上田」と認識されることはなかった。

ホールアウトしてクラブハウスに向かうと、キャディさんたち数人と兄が一緒に写真を撮っていた。その輪の中には、午前中の例のキャディさんもいた。私に写真をお願いしてくるキャディさんなどゼロ。

「上田アニ」だったら、後半のキャディさんにも気付いてもらえたんだろうなー。

私の目標はいつの日からか、〝兄貴みたいに俺も売れたい〟になっている。

英雄

～モハメド・アリの鮮烈なる記憶～

私はボクシングをこよなく愛している。そして、ボクサーを心からリスペクトしている。体重を何kg以下にしてきて、○月×日どこそこで、誰々と殴り合いをしなさい、と言われ、数カ月その恐怖と戦い、食うものも食わず、飲むものも飲まず、過酷なトレーニングに耐え、そして当日、自分を惨めな敗北者へと打ちのめし、自分の人生を台なしにする妄想を散々膨らましてきたであろう相手の待つリングへと向かう――その勇敢さには脱帽、それも20、30個脱帽したいくらいだ。

現役時代、世界で一番強い男といわれ、史上最強のヘビー級チャンピオンとの呼び声も高い、あのマイク・タイソンですら、試合前の控え室では恐怖で泣いていた、という逸話もあるくらいだ。

ちなみに、マイク・タイソンが対戦相手をバッタバッタと鬼武者ばりになぎ倒し、史上最年少へビー級チャンピオンに輝いたのは、私が高校生の頃である。当時の私は、タイソンの試合に熱狂、興奮し、タイソンの相手が誰であろうがタイソンを応援し、タイソンがリング外で数々のトラブルを起こしても、タイソンの保護者ばりに愛情は薄れることはなかった。

タイソンが引退した時は、私の青春時代にピリオドを打たれたような気になった。

また、2015年、ラスベガスにマニー・パッキャオvs.フロイド・メイウェザー・ジュニアの試合の観戦に行った時、その試合の前日に、タイソンがとあるスポーツショップでサイン会をやっていることを聞きつけ、どんなに美味しい料理店だろうが絶対に並ばない、ロシア人とは真逆のDNAを持つと称されている私が、サインをもらうべく1時間半ほどの長蛇の列に並び、500ドル払ってタイソンにサインをしてもらい、一緒に写真を撮ってもらったこともある。

そんな私ではあるが、じつはタイソンが史上最強のヘビー級ボクサーだとは思っていない。

史上最強のヘビー級ボクサーは、モハメド・アリである。アリとタイソンが、それぞれの全盛期にもし戦えば、かなりの確率でアリがタイソンを完封する、と思っている。アリこそ史上最強のヘビー級だし、20世紀最高のスポーツヒーローだと思っている。

しかしながら、アリが最も完成された、史上最高のボクサーかというと、それはまた別の話で、要するにボクサーとしての全盛期を犠牲にしても、懲役拒否や人種差別と真っ向から闘い、世界中に大きな社会的影響を与えた、という意味で、アリが20世紀最高のスポーツヒーローだと思う、ということである。

さて、日本テレビで日曜日の21時から放送していた、関口宏さん司会の『知ってるつもり?!』という番組があった。毎週、歴史上の偉人一人にスポットを当て、掘り下げて紹介する、という番組である。

1990年か91年のことだったと記憶しているが、その年のある日、新聞のテレビ欄を見ていると、その日の特集が、モハメド・アリであった。当時、風呂なし六畳一間に住んでいた私は、決まって21時に、歩いて5分くらいの銭湯に通っていたが、その日は夕食と風呂の時間をそれぞれ1時間ずつ早め、21時前にはテレビの前に陣取ることにした。

いざオンエアが始まってみると、アリのことをあまり知らない人にとっては、「へぇ、そうなんだー?」と勉強になる内容だったのだろうと思うが、そこそこアリのことを知っている私にとっては、「なーんだ、知ってることばっかだったな」というくらいの内容であった。

少々ガッカリした気持ちで観ていると、司会の関口宏さんが「では今日のエンディングは、先日アリが、自分の出身高校を訪れた時の映像でお別れです。また来週」と言った。どういう映像だったかというと、アリが母校の何周年記念式典とやらに招待された時のものであった。

私はたいして期待もせず観ていた。体育館のような所に、おそらく在校生であろう千人前後と思われる人たちが「5月5日の東海道新幹線か！」というくらいビッシリの状態。そこで司会進行の生徒会長らしき子が「今日はこの記念すべき日に、我らが誇る偉大なOBが駆け付けてくれました！　モハメド・アリさんです！」とアリを呼び込んだ。

当時、パーキンソン病を患っていたアリは、付き添いの人の肩を借りながら、ヨタヨタと歩いてきた。会場は割れんばかりの拍手。アリはなんとかその声援に応えよう、と右手をブルブルと震わせながら、真っすぐ伸ばすところまではいかなかったが、かろうじて顔の高さまで上げて、うっすら微笑んだ。

続けて司会進行の子が「アリさん、最後に写真を撮らせてもらってもいいですか？」と尋ねる。アリはよく聞き取れなかったのか、付き添いの人のほうを見る。付き添いの人はアリに「写真撮影はオッケーか、と聞いている」と告げる。アリは頭をプルプルと震わせながら、微かにうなずく。

その返事に司会進行の子は調子に乗ったのであろうか、こともあろうに「じゃあファイティングポーズを取ってもらうことはできますか？」と要求を出した。私は（いや、そんな無茶な要求すんなよ。アリは今手上げるのもやっとなのに）とその司会者の子を、生のゴーヤをエスプレッソで流し込んだばりに苦々しい気持ちで観ていた。

もう一度付き添いの人を見るアリ。付き添いの人は、「ファイティングポーズを取ってくれ、と言っている」と耳打ち。プルプルと震えながら軽くうなずくアリ。そして在校生たちのほうに向き直ると、驚愕すべきことが起こった。アリがファイティングポーズを取ると、なんとビタッと両手が止まり、震えが収まったのだ！　大拍手をする在校生たち。

しかし、驚愕はそれだけではなかった。

アリがシャドーボクシングを始めたのだ。右と左の拳を交互に出すアリ。しかもそのスピードが尋常ではない。大袈裟抜きで目にも留まらぬ速さなのだ！　今すぐカムバックできるのではないか、と思わせるくらいの速さ！「ウォーッーー！」とどよめく在校生。テレビに向かって話しかける母親を反面教師にしていた私も、あの時ばかりは「スゲェ、

スゲェ、スゲェ！」と、テレビに向かって叫び続けた。

パーキンソン病を患って、歩いたり、手を上げたりすることすらままならないアリが、ボクサーの動きだけは、現役さながらにできるのだ。骨の髄までボクサーの血が流れているアリに、驚嘆し、感動し、打ちのめされた気分だった。これだ、これこそ史上最強のヘビー級だ、誰も届かないところまで到達した〝ザ・グレーテスト〟モハメド・アリだ！

その後の番組、22時から始まった『おしゃれカンケイ』も目では見ていたが、映像も司会の古舘伊知郎さんとゲストのトークもまったく頭に入ってこず、1時間ほどアリのあまりのすごさ、ボクサーの性（さが）というものに打ち震え、茫然自失の体であった。


テレビでアリを観てから27年か28年経った2018年のことである。

番組のスタッフ10人くらいと食事をしていた時、「一番すごいスポーツヒーローは誰か？」という話になった。いろんなスポーツ選手の名前が出てくる中、私は頑として「ナンバーワンはアリである」と譲らなかった。

ちなみに、今から十数年前、大阪での明石家さんまさんが司会の番組収録の帰りの新幹線で、さんまさん、松尾伴内さんと向かい合わせで座らせてもらった私は、お二人にも「一番すごいスポーツヒーローは誰か？」という質問をしたことがある。

伴内さんはカール・ルイス、さんまさんはマイケル・ジョーダンとおっしゃった。私は反論できる立場でないにもかかわらず、「いいえ、ナンバーワンはアリです」と熱弁を振るった。

申し訳ないが、伴内さんは軽く論破させていただいた。まあ、伴内さんもそう深く考えてカール・ルイスとおっしゃった訳でもなかったと思うが……。しかし、さんまさんはいかにマイケル・ジョーダンのプレーがすごかったか、バスケットシューズやウェアをはじめとしたグッズなどの売り上げによる経済効果などなど、世界への影響も含めた話をされた。しかし、私は一歩も引かず、おそらく岐阜羽島辺りから小田原辺りまで、アリのすごさを訴え続けた。

私のあまりの熱に、さんまさんも鬱陶（うっとう）しくなったのか、「まあお前がそこまで言うんやったら、確かにアリかもしれんな」と譲ってくれたのである。

さて、この日のスタッフとの食事会で、私は『知ってるつもり?!』のアリの放送回の話をした。皆口々に「へー、すごいですねー」「うわー、その時の映像YouTubeとかに上がってないかな？」などと感心しきり。「ナンバーワンはアリである」と皆を納得させ、酒には酔わなかったが、自分に酔い、いや自分に泥酔し、気分良く帰った。

次の週、その食事会に参加していたスタッフの一人が、私の楽屋を訪ねてきた。そのスタッフが言うには、先週の私の話にいたく感激し、アリの回の『知ってるつもり?!』をどこからか探してきた、と。そして、それをＤＶＤに焼いたので、せっかくなんでお酒でも飲みながら観てください、ということだった。私はそのスタッフに何度もお礼を言い、久しぶりに、あの映像を観られる喜び、楽しみから、グラビアアイドルになれるんじゃないか、というくらい胸を膨らませた。そんな私をなぜかスタッフは、苦笑いで見ていた。

その日の夜、家に帰るや否や、冷蔵庫から缶ビールを取り出し、早速『知ってるつもり?!』のＤＶＤをセットした。

そして、およそ40分後、私は度肝を抜かれた。

なんと、私が記憶している生徒会長とアリのやり取りなどまったくなかったのだ。確かに、記念式典的なものに参加しているアリの映像はあるのだが、そこではアリが生徒相手にパンチを出して戯れており、そのパンチの速度たるや、井の頭公園のボートを漕ぐ時の腕の前後運動くらいの速度なのだ。

つまりは、ほとんどすべて、私が勝手に創作した記憶だったのだ。私は愕然とすると同時に、自分の記憶のいい加減さに恐怖を覚えた。あの日のあのＤＶＤは稲川淳二さんの怪談ライブＤＶＤよりはるかに怖かった。ちなみに、記念式典の映像は番組のエンディングでもなく、番組の途中の余興的な扱いであった。

次の週、私にＤＶＤを持ってきてくれたスタッフを呼んだ。

「『知ってるつもり⁈』観たよ」

「どうでしたか？」

「お前はアホか！」

「はい？」

「俺が飲み会で話したアリの話、覚えてるだろ？」

「はい」

「俺が話した『知ってるつもり⁈』のアリ、すごかっただろ？」

「はい」

「でも、お前が持ってきたＤＶＤにそんなシーンなかったよな？」

「はい」

「だったらなんでＤＶＤ持ってきた？」

「はぁ」

「お前がＤＶＤさえ渡さなきゃ、俺の中では、アリは最後までボクシングの動きができた、脳の一番深い所までボクシングが刻まれていた男だった、って素晴らしい思い出のまま生きていけたし、この話を子どもや孫にもできたのに、お前が余計なもん見せるから、それもできなくなったじゃねーか！」

「……」

「アリはパーキンソン病を患った後も、ものすげぇパンチ速かったって話、さんまさんとかいろんな人に話しちゃったし、俺テレビでも話したんだぞ」

「はぁ」

「どうしてくれんだよ？」

「はぁ？」

善かれと思ってＤＶＤを持ってきたにもかかわらず、理不尽で身勝手な主張をミルフィーユばりに重ねる私を、スタッフはモナリザばりに複雑な表情で見ていた。

私はその後、なんとかＤＶＤを観た記憶を失おうと努力しているが、なかなかうまくいかない。もし将来認知症になったら、いの一番にあのＤＶＤを観た記憶を失い、孫にアリがいかにすごかったかを話したい、と思っている。もし、記憶を失えないのなら、さんまさんにはこの話は一生しないでおこう、と思う。

今回この件を文章にしていて、はて、あの『知ってるつもり?!』は本当に日曜日21時の放送だったのか気になったので、ネットで調べてみることにした。

すると、Wikipediaにはなんとモハメド・アリの回が、いつオンエアされたかも載っていた。それによると、１９９７年10月12日の日曜日21時のようだ。あろうことか、ここの記憶も６、７年ズレていた。

もう私は二度と自分の記憶を信用しない。なぜなら６、７年のズレはかなり大きい。だってこの６、７年で片岡鶴太郎さんのヨガのレベルもだいぶ上がったからね。

認知

～忘れがたき声かけ～

熊本ではなかなか気付いてもらえない私だが、他の地域ではそれなりには気付いてもらえるし、声をかけてもらったりもする。この10年で両極端だった声のかけられ方をご紹介しようと思う。

まずは2010年の夏休み、家族で「沖縄美ら海水族館」に行った時のこと。美ら海水族館の中でも一番有名といっていいであろう巨大アクリルパネルの大水槽で、娘と一緒に魚の大群を観ていた。「CR海物語」でこれだけの魚群リーチがくれば確変確定だな、などと俗人ここに極まれり的なことを考えながら観ていると、4歳の娘が聞いてきた。

「ねぇねぇ、おとうさん、あのおさかなな〜に？」

あいにく私は、さかなとさかなクンの区別をするのがギリくらいの感じで、さかなについてまったく詳しくない。

「んー、なんだろうね」

娘は、好奇心旺盛に次々と魚の名前を聞いてくるが、残念ながらリクエストにまったく答えられず、コンシェルジュなら初日でクビになるレベル。魚の説明をしてあるプレートでも見ながら教えようか、と数メートル移動すると、小学校4、5年生の男の子が「旅、満喫してます」と言わんばかりの笑顔で水槽を眺めていた。その子のお父さんと思しき人が隣にいて、そのお父さんは息子さんとは真逆の仏頂面。「旅、幻滅してます」と言わんばかり。しかし、楽しんでいないわけではないようで、魚にも詳しいご様子。

「アレはクロマグロねー。……そしてコッチがカッポレねー」などと、至って冷静なトーンで息子さんに説明をしてあげていた。

（ウチの娘にも、このお父さんの説明を聞かせよう）

と、家の電力も静電気ですませようとするくらいセコいことを考えて、そっとその親子のほうに近づいていった。一瞬そのお父さんと目が合ったような気もしたが、そのお父さんは引き続き仏頂面で、いろんな魚を指差しながら息子さんに魚の説明をしていた。

「アレがグルクマねー。……そしてコッチがサザナミダイねー」

（へー、ホントにこの人詳しいなー）

と感心しながら、ウチの娘をなるべくそのお父さんのほうに近寄らせようとしている時だった。

「アレがジンベエザメねー。………そしてコレがキツネフエフキねー。………ってコッチがナンヨウマンタねー」

いろんな魚を差していた指が、次の瞬間私のほうに向いてきた。

「………ってコッチがくりぃむしちゅーの上田さんねー」

魚を説明している時とまったく同じトーンで。同じテンポで。しかも仏頂面。あまりの意外さと冷静さと滑らかさと。私にとっては『恋しさと せつなさと 心強さと』を超える三拍子であった。

意表を突かれた私はドギマギしながら、「あっ、あー、どうも。ありがとうございます」と、挨拶をしたが、それでも仏頂面は変わらず。あんなに長時間仏頂面を見たのは三十三間堂以来だった。

ちなみに息子さんのほうは、私のことなど知らなかったようで、チラッと見ただけでまったく関心を示さず、『ベルサイユのばら』ばりにキラキラした目で魚群を見つめていた。

もう一つ紹介したいパターンは、２０１６年の正月、シンガポールに家族旅行で行った時のこと。「ユニバーサル・スタジオ・シンガポール」に行き、いろんな乗り物やショーを楽しんでいた。ちなみにユニバーサル・スタジオとはいっても大阪のユニバーサル・スタジオ・ジャパンとは園の広さも違うし、乗り物も違う。広さはジャパンの半分以下だが、シンガポールの乗り物はほとんどがシンガポールだけのオリジナルのようだし、大阪とはまた違う気分を味わうことができる。

大阪とシンガポール両方にある乗り物やショーもあるが、同じ乗り物でもけっこう違ったりする。その代表的なものが「ジュラシック・パーク・ザ・ライド」だろうか。大阪のそれは、ボートのような乗り物に乗って、映画『ジュラシック・パーク』のように恐竜のいるパークを見学していき、最後に26メートルほどの落下、ずぶ濡れになる、というアトラクション。

シンガポールは、雰囲気は少々違うが、恐竜のいるパークを巡り、最後は大阪ほどではないが7メートルほど落下して、これまたずぶ濡れになるという、この辺はそれなりに似てはいるのだが、一番大きく違うのはその乗り物であろうか。

乗り物は、ボートのようなものではあるが形は円形で、中華料理のテーブルのように輪になって向かい合って座る、円卓のない9人乗りの乗り物、とでもいえばわかっていただけるだろうか？

最後の落下に備えてレインコートを購入し、しばらく並んだのち、私と家内と娘と息子の４人でボートに乗り込んだ。向かい側には、お父さん、お母さん、高校生くらいの娘さん、そして70歳くらいのお婆ちゃんという乗員構成で、１席が空いている状態であった。並びとしては、たとえば私が時計の12時の位置に座ったとすると、反時計回りに息子、娘、家内、そして別のご家族のお婆ちゃんがウチの家内の隣の位置、その隣に向こうのお父さん、高校生くらいの娘さんがその隣、さらにその隣がお母さんという並びであった。

ウチの家族は「なんかドキドキするね」と小声で交わし、向こうのご家族は、「カッパはもう着たほうがええのかな？」のような会話を大声で交わし、向こうはこっちが日本人家族だとなんとなく察知したようだったし、こっちは向こうのご家族を日本人家族、いや関西からいらしたご家族だとはっきりと認識した。

乗り込んでから１分くらい経った頃だっただろうか。向こうのお婆ちゃんが、隣に座っていたウチの家内に話しかけてこられた。

「どちらから来はったんですか？」

「あー、こんにちは。東京です」

私もそのお婆ちゃんのほうを見て、軽く会釈をした。すると、そのお婆ちゃんも私に会釈を返してくれたが、一瞬怪訝そうな顔をし、ウチの家内に、「オタクのご主人、くりぃむしちゅーの上田さんに似てはりますなぁ」と、ご自分では私には聞こえていないつもりのボリューム、私には「ビッグエコー」くらいのボリュームで話してこられた。

「ああ、そうですかねー?」

ウチの家内は正露丸が口に入っているのかな、くらいの苦い顔でなんとか誤魔化そうとしていた。その後も3、4回、折にふれて、「オタクのご主人、くりぃむしちゅーの上田さんに似てはりますなぁ」とウチの家内に話しかけてこられ、その問いが回数を重ねるごとに、ウチの家内もセロハンテープでこめかみと下アゴ引っ張ってんのか、というくらい表情を失っていった。そのうち、私の隣に座っていた向こうのお母さんと娘さんが、「えっ、たぶん上田さんだよね?」と、ひそひそと会話を交わし、どうやらくりぃむしちゅーの上田だと、確信を持たれた様子であった。

そうこうしているうちに乗り物はドンドンとクライマックスに向かい、いよいよ最後の落下ポイントに来た。今までペチャクチャと喋っていた8人が急に緊張し、一瞬の静寂。一番大きな声で、口数も多かったお婆ちゃんも口を真一文字に結んでいた。そして落下する直前、私とそのお婆ちゃんの目が合った。いよいよ落下！　高所恐怖症で落下が苦手な私は、歯医者が止めるくらい歯を食い縛って、左眼は瞑っているが、それでもなんとか落下する景色を楽しもうという貧乏根性が働き、かろうじて右眼は開いているという状態であった。

落下！

８人中６人は、「キャーーーーーッ！」と絶叫。残りの二人のうちの一人、私は絶叫する余裕もなく、歯を食い縛って声を押し殺した。そして残りのもう一人、私から見てほぼ真面目に位置しているお婆ちゃんを見るでもなく見ると、お婆ちゃんは急な落下に耐えながら、私を凝視してこう発した。

「あぁーーーっ、ご本人ちゃいますかーーーーー？」

まさかの今？？？　何に対してのあぁーーーーっ？？？　私は落下しながらも、笑いをこらえることができなかった。

乗り物を降りた後、改めてお婆ちゃんに、「ご本人ちゃいますかー？」と冷静なトーンで問いかけられ、私は引き続き笑顔が収まらないまま、「はい、そうです！　いつもお世話になっております！」と答え、向こうのご家族と写真を撮って、それぞれ別の方向に進んでいった。

この時のシンガポール旅行のことを思い出そうとしても、このことしか思い出せないくらい、強烈な残像になった。おそらく、私がこの世にお別れを告げる時の走馬灯にも、このシーンは映し出されることになると思う。

私を認識した人が、一番冷静だったパターンと一番情熱的だったパターンをご紹介した。もちろん、声をかけてもらえるだけでありがたいのだが、やっぱり冷静と情熱の間が一番いいみたいです。

練習

～息子がお箸で食べられるように～

私が43歳、息子が3歳の時。まだ食事を取る手段がスプーン、フォーク、手の3種類だった息子に、もうそろそろ箸の使い方をマスターさせないと、ということになった。

ある日の夕食時、家内が息子に言った。

「今日からお箸の練習するから、頑張ってお箸で食べてごらん」

と買ってきたばかりの、アンパンマンのイラストが入ったお箸を渡し、持ち方を教え、食べさせてみることにした。もちろん、初日からうまくいくわけはなく、息子は途中で挫折し、スプーン、フォーク、手の三種の神器に持ち替えて、食べ物と悪戦苦闘を繰り広げていた。

それからおよそ1週間後。

「今日は頑張ってお箸だけで食べてみようか?」

家内が提案するも、2分後にはお箸にギブアップのタップをし、また三種の神器に持ち替えて食べようとした。

「そんなことじゃお箸うまくならないでしょ？」

家内がたしなめても、箸を握る気配はなく、スプーンで食べようとする。

「お箸で食べないとオバケが出るよ」

家内のザ・子ども騙しの脅しにもまったく聞く耳を持たず、スプーンで黙々と食べている。

「お箸で食べないんなら、もう今度からおやつも食べられないよ」

とうとう家内の中でのフィニッシュホールドが繰り出されたが、息子は「そんなの関係ねぇ！」とばかりにオッパッピーづらで手で食べる。ほとほと呆れ、今日もあきらめそうになっている家内をちらっと見て、私が軽いギャグのつもりで脅してみた。

「あー、お箸使わないと、お父さんみたいな顔になるよー」

すると息子はスッと箸に持ち替え、何事もなかったかのように食べ始めた——。その箸使いも意外と上手であった。

息子にとっては、オバケが出てもいい、おやつが食べられなくてもいい、ただただ親父みたいな顔になることだけは勘弁、という強烈な意思表示であった。

息子ただいま10歳。私が10歳の時とほぼ同じ顔をしている。ザマアミロ。

恩人

～いとうせいこうさんの実像～

「この人には一生足を向けて寝られないな」という恩人が、誰しもいるのではないだろうか？

私にとっては、その数少ない恩人の一人が、いとうせいこうさんである。

以前、テレビ朝日でやっていた『虎の門』という深夜番組で、せいこうさんがMCをやってらした「朝まで生どっち！」という討論コーナーがあった。『朝まで生テレビ！』の形式で討論をするのだが、テーマは「ワールドカップvs.Fカップ、興奮するのはどっち？」とか「天狗vs.カッパ、生まれ変わるならどっち？」など、心からどうでもいいよ、というようなテーマを真剣に討論し合うというコーナーであった。

『虎の門』が始まってかなり初期の頃に、そのコーナーに呼ばれた私は、どうでもいいテーマに対して、経済効果の点から論じたり、どちらが人類の今後にとって必要不可欠なものか、という点で考察をしてみたり、あえて真面目に、出演者の中で一番お堅く討論する、というポジションで臨んでみた。そのキャラというか論点というかを、せいこうさんがいたく気に入ってくださったようで、すぐにそのコーナーのレギュラーとして毎週呼んでいただけるようになった。

そのコーナーが最終回を迎えて、次に始まったせいこうさんMCのコーナーが「うんちく王決定戦」というコーナーであった。このコーナーは、30秒や1分という制限時間の中で、決められたお題に対する蘊蓄(うんちく)を数多く発表したり、ある出演者が〝レオナルド・ダ・ヴィンチ〟というテーマで1分間蘊蓄を語ったとすると、その次の人はしりとり形式で〝チ〟から始まるテーマで1分間蘊蓄を語らなければならなかったり、毎回「何も蘊蓄が出てこなかったらどうしよう」と、タイトルマッチに臨むような緊張感を強いられた仕事であった。

1回目の「うんちく王決定戦」に出演した後、(コレは難易度が高すぎるし、自分の知識くらいではどうにもならん)と思い、次回からオファーが来ても断るようにマネージャーに伝えた。しかし二度三度と、その仕事がスケジュールに入っている。

「いや、だから断ってくれって言ったじゃん!」とマネージャーに苦言を呈しても、

「いや、どうしても上田君に来て欲しいってスタッフに言われて……」

と、断るに断れないと言う。マネージャーとしては、当時ほとんど仕事のなかった私た

ちに、「お前らが仕事断れるような立場か！　偉そうにこの仕事断ってたら、伊豆の金目鯛ばりに干されるわ！」という考えもあったのかもしれない。

結局、嫌々ながら出演することにした私は、その日からいろんな豆知識や蘊蓄の本を読み漁った。人生で一番勉強をした。正直、大学受験の時より勉強をした。毎週なんとかギリギリでしのいでいた感じであった。その当時に『ギリギリ生き物事典』が出版されていたら、おそらく私も載っていたと思われる。しかし、そのコーナーに出続けることによって「上田＝蘊蓄」という一つのキャラをいただき、そこからいろんな番組に呼ばれることになり、仕事が増える大きなきっかけの一つになった。

数年後に聞いたところによると、じつは、せいこうさんが「上田ならなんとかするだろうから」という理由で「うんちく王決定戦」に私を呼ぶようにスタッフにしつこく言ってくれていたようで、私の仕事が増えるきっかけを作ってくれたのは、せいこうさんだと言っても決して過言ではないのである。

その後も、舞台に呼んでいただいたり、せいこうさんのデビュー30周年記念ライブに出演させていただいたり、そして何を隠そう『天才バカボン』の実写版をやったほうがいい、というアイデアをくれたのもせいこうさんである。であるから、私は一生せいこうさんに足を向けて寝られないし、なんだったら毎日せいこうさんが住んでいる方角に向かってお辞儀をしなければならないくらいである。やってないけど。

さて、そんな私にとっての大恩人いとうせいこうさんだが、皆さんはどんなイメージをお持ちだろうか？　とにかく多才な人なので、お笑いとしてのイメージも、小説家としてのイメージも、音楽家、プロデューサーなどのイメージも、いろいろあるのではないかと思うが、皆共通してお持ちなのは「頭のいい人」というイメージではないだろうか？

確かにキレ者だし、アイデアマンだし、進取の精神をお持ちで、先先を読む力もある方だと思う。ただし、こと「記憶力」に関しては、この人ほどヒドい人はいないと思う。正直バカだと思う。

話をしていても、人の名前や場所の名前など、頻繁に出てこない。（『ザ・タイムショック』形式でお送りしてるのかな？）と思うくらい、こっちで次々と正解を浮かべながら聞かなければならない。でもだいたい正解はわかる。なぜならその話を、すでに私に何回かしていることも忘れていらっしゃるから。

これはせいこうさんご本人から聞いた話なのだが、ある時せいこうさんが引っ越しの準備をしていて、コレクションしていたレコードの取捨選択をしていたそうだ。すると、そのレコード群の中から、80年代に日本でも人気を博した香港のアクション俳優ユン・ピョウのレコードが出てきたという。

（ん？　なんでユン・ピョウのレコードなんて持ってるんだろう？）と思ったせいこうさん。（持っているからには何か理由があるに違いない。ひょっとしたらライブの音源として使用したのか、あるいは意外にユン・ピョウが歌が上手いとか——。聴いてみたら何か思い出すかも）と考え、捨てる前に一度聴いてみようと思い、聴き始めると、そのレコードを持っている理由がわかったそうだ。

「なんていい詩なんだ！　すごい、すごい、この歌詞は素晴らしい！　この詩を作った人は天才だ！」

ものすごい衝撃を受け、感動し、こんな素晴らしい歌詞を書いた人は誰なのかを確認しようと、歌詞カードを見ると、そこには、

《作詞／いとうせいこう》

と書いてあったそうな。こんなことある？　考えられない。ユン・ピョウっていうかなり変わり種の人とやった仕事を忘れるだろうか？　百歩譲って忘れていたとしても、ユン・

ピョウのレコードジャケットを見た瞬間に思い出すのではないだろうか？　二千歩譲って、そこで思い出さなかったとしても、レコードを聴いてAメロくらいで、少なくともBメロくらいでは、そのフレーズのチョイスや言い回しで、自分が作詞したことを思い出すのではないだろうか？　二万歩譲って、そこで思い出さなかったとしても、いや、そもそもそんなに感動的な詩であるならば、自分の中での誇りとして覚えているはずだ。二京(けい)歩譲って、覚えていなかったとしても、自分が書いた詩にそこまで感動することなんてあるだろうか？――いずれにしろ、日米修好通商条約ばりに譲りに譲ったが、それでも理解できない。私はせいこうさんに、『ファインディング・ドリー』の実写版をオススメしようと思っている。

　つい先日、せいこうさんの著書が贈られてきた。『ど忘れ書道』という本で、せいこうさんがど忘れしたことだけで一冊書かれていた。よくその一つのテーマだけで一冊書けたな。私は記憶力というテーマだけで34ページしか書いてない。まだまだだな、と思った。その点に関しては、全然追いつきたくないが。

車掌

～眠れぬ新幹線～

確か40歳前後の時だったと思う。地方での仕事に向かうため、朝早目の新幹線に乗った。寝不足だったため、新幹線に乗るや否や眠りにつこう、と決めていた。座席に腰を下ろし、リクライニングシートを倒し、毛布を被り、さあ意識を失う準備完了、と目をつぶったが、ものの1分も経たないうちに、私の席の5、6列前方から大きな声が聞こえてきた。

「なにー、そいつどこのクソガキじゃコラ！　今すぐそっちにヨシオ行かすから、そのガキ逃げんように縛っとけや！」

どうやらアウトレイジな方のようである。アウトレイジな方は、電話を切ると、慌ただしく違うところに再び電話をかける。

「おう、ヨシオか！　きのうの夜な、ワシの店にイチャモンつけてきおったガキがおってな、そのガキ今ワシんとこの若い衆が……」

話は延々と続く。車両中に響き渡る、逆マナーモード。それだけならまだしも、さらに、その隣に座っている、アウトレイジな方の奥さん、いわゆる極妻も自分の携帯を取り出し、逆マナーモード対決に参戦。

「あんなぁ、ウチの人のシマでどこぞのガキが暴れよったらしくてなぁ、ウチら今新幹線に乗ってるさかい、ヨシオに行ってもらおうかってことになってなぁ……」

『仁義なき戦い』と『極道の妻たち』の同時上映を観ている気分。いや、同時上映って一本が終わってからもう一本が始まるんであって、同じ時間に同時にはやらないか。〝ヨシオ〟って人は〝良雄〟って書くのかな？　〝良い雄〟なのにアウトレイジになるとは、名付け親に謝れ。いやそんなことはどうでもいい。まったく寝られない。

その後も、夫婦で次々に違うところに電話をし、何人もの人間を現地に向かわせようと指示していた。

その車両は、８割くらいの乗車率であったと思うが、皆見ざる聞かざる言わざる、を決め込んでいる。通路を挟んで隣の席に座っているサラリーマン風の人や、その後ろの席に座っている若い男性二人組も、「あっ、なんか喋ってらしたんですか？」くらいのスッとぼけようである。

私も10分近く我慢していたが、電話のやり取りが収まる気配がまったくない。とうとう我慢の限界を超え、意を決した私は、ツカツカと前方へ歩みを進めた。

そう、車掌室へ。

その車両のドアを出てすぐのところにあった車掌室を覗き、運良くそこに座っていた、50歳前後と思われる車掌さんに話しかけた。

「お忙しいところすいません、○号車に乗っている者なんですが、8列目のA・Bの席に座っている人たちが、携帯電話で大声で話しています。周りの皆さんも迷惑していると思いますので、注意していただけませんか？」

「あー、そうですか？　わざわざすいません。ではお客様はこのままご自分の席にお戻りになってください。それで申し訳ないんですが、数分間お待ちいただけますか？　お客様が席に戻られてすぐに私が向かいますと、お客様が私に注意を依頼されたと思われて、その方たちとその後トラブルになる可能性もございますから」

なるほど、と思わせる理由を述べ、車掌さんは、トラブル処理歴30年、という感じで余裕の微笑みを見せ、母親の胎内に戻ったかのような安堵感を私に与えてくれた。

私はトイレにでも行ってきたような、ごく自然な振る舞いで車両に戻り、相変わらず怒鳴りまくっているアウトレイジ夫妻の横を通り過ぎ、自分の席に着くと、再び毛布を被って、車掌さんの登場を待った。

3〜4分後、前方の車両のドアが開き、約束通りあの車掌さんが現れた。1月4日・東京ドームのオカダ・カズチカ入場ばりに威風堂々たる登場で、世界一頼もしい男に見えた。もし、車内で車掌さんをプリントしたTシャツを販売していたら、全部のバージョンを買っていただろう。

引き続き、大声で電話を続けているアウトレイジ夫妻。悠揚迫らぬ足取りで歩みを進めていくベテラン車掌。周りの乗客も車掌さんの登場に気付いた様子で、世紀末覇者を見るような眼差しで見つめている。

3列目、4列目——さあ、敵はもうすぐそこだ。一体どうなる？　固唾を飲んで見守る乗客たち。祈るような思いの私。6列目、7列目——、そして運命の8列目！

ん？

どうした？　なぜだ？　車掌さんはアウトレイジ夫妻を通り過ぎ、そのままこちらに進んでくるではないか？　今通り過ぎた席にいるのが、私が注意して欲しいとお願いした二人だということに気付かなかったのか？

いやそんな訳はない。この車両で他に大きな声を上げている人物などいないのだ。そこだけが7回裏のライトスタンドばりに盛り上がっているのだ。私は口パクで車掌さんに「その人、その人！」と、大きなジェスチャーで指示したが、9列目、10列目、とそのまま歩みを進めてくる。11列目、12列目、13列目はやや小走りをして私のところに来ると、車掌さんは片膝を付いて小声でこう言った。

「お客さん、あれは無理です。勘弁してください」

あまりに意外な一言に、私は思わず吹き出してしまった。なんて正直な人なんだ。私が泉の妖精なら、金の斧を3、4本あげたことだろう。

車掌さんはそのまま来た通路を引き返し、そそくさと車両を出て行くと、二度と我々の車両に足を踏み入れることはなかった。

アウトレイジ夫妻の恐怖電話はその後も20分くらい続き、結局私は目的地まで一睡もできなかった。その日一日、まぶたを5kgくらいに感じながら眠気と格闘することになったが、しかし、なぜか心地良い爽快感があった。無理なことを無理だと言う、断る勇気って必要なんだな。ただ、もし車内販売で車掌さんのTシャツを買っていたなら、全部のバージョンを即返品していたと思う。

星空
〜腰の痛みに耐えながら〜

私はこう見えて、というかどう見えているのかわからないが、星空を観るのがすごく好きだ。ただ、星座や天体に関しては全然詳しくはない。星の数が多ければそれでいい。星の数が多い場所にものすごく惹かれるし、星が綺麗だから、という理由で旅先を決めることもある。今まで行った旅も、星が綺麗だった場所が次々に思い出される。

そもそもは2001年だっただろうか、「しし座流星群」大出現だ、と連日テレビで報じており、そんなすごいものが見られるのか、と急いでそこそこ高額の天体望遠鏡を買いに行った。

しし座流星群が観られるというその当日、アンジャッシュの児嶋やアンタッチャブルの柴田たちと一緒に、見晴らしのいい公園に出かけた。大出現が予想される1時間くらい前から望遠鏡のセッティングを始めたが、誰も天体望遠鏡など触ったこともなく、悪戦苦闘しているうちに、次々と星が流れ始め、児嶋や柴田たちは望遠鏡を放ったらかして、自らの眼球で流星群を捉え始めた。

　私はなんとしてもせっかく買った天体望遠鏡で流星群を観たいと、次々と降ってくる流星群に歓声を上げているのを横目に、望遠鏡のセッティングに心血を注ぎ、なんとかセッティングし終わってレンズを覗くと、ほんのたまに小さい点がシュッと0・1秒くらい横切るだけ。冷静に考えれば、それはそうだ。ものすごく狭い範囲にクローズアップした視野に、いくら流星群の大出現とはいえ、流れ星が通ることなどそう多くはないし、通ったとしてもほんの一瞬も一瞬。

　流星群ウォッチの醍醐味は、空のあちこちで星が流れ、その流れている様子を1秒近くも観ていられることにあるのだ。私もようやくそのことに気付き、それからはそこそこ高額の天体望遠鏡を放ったらかしにし、自前のレンズで次々に流れる星を堪能した。

　数カ月後、せっかく買ったそこそこ高額の天体望遠鏡をなんとか有効利用したいと、満月の夜に後輩と二人で富士山に出かけ、初めて天体望遠鏡で月の観測を行った。理科の教科書などでは何度も見ていたが、（こんなにくっきりとクレーターって観えるんだ！）と感動し、初めて本当の月を観たような気分、というか月を手に入れた気分にすらなった。

　さらにその半年後くらいだっただろうか、後輩たちと3人で京都旅行に行こうということになり、東京から京都まで車で行くことになった。京都で2泊し、いろんなお寺を巡り、たくさん美味しいものを食べて、大満足で夜中に高速道路で東京に戻っていると、突然「パーン!」という破裂音がして、車が傾いた。タイヤがパンクしてしまったのだ。テンパりながらハンドルを操作していた後輩をなんとか落ち着かせ、高速の脇にゆっくりと車を停車させた。

「びっくりしたー!」

「怖かったー!」

などと口々に呟きながら、タイヤの様子を見てみると、左の後輪のタイヤがベーコンくらいの薄さになっていた。JAFに来てもらうしかない、とあきらめて電話すると、来てくれるのが2時間後くらいになるという。JAFの指示に従って安全な場所に移動し、夜中にこんな何もない所で2時間も何をすればいいんだ、と途方に暮れながら、ふと空を見上げると、ものすごく綺麗な星空。

「なんだよコレ? スゲー!」

一瞬にして憂鬱な気分が吹っ飛んだ。それまでは、理科の教科書で星座を紹介する時に、星と星を無理やり結び付けて、見えもしない絵を描きやがって、と思っていたが、本当にあの絵のように見えるのだ！　たとえばオリオン座は三つの星が狩人のベルトに見えるし、左手に毛皮、右手に棍棒（こんぼう）を持っているように見えるのだ！　そもそも狩人に見えるのだ！　それぞれの星までの距離も全然違うし、輝き方も違うのだが、理科の教科書で結んであったように、確かにあの星とあの星を結びたくなるなー、という感じなのだ。数千年を超えて太古の人と同じ気分を味わえたような気がして、ずっと３人で見とれていた。

およそ２時間後、ＪＡＦが到着した時は内心、（なんだよ、もう来たのかよ！）と失礼な感想を抱くくらい、もっとあの星空を眺めていたかった。

あとで調べてみてわかったのだが、パンクした場所は、日本一星空の綺麗な場所に選ばれたことがある所だったらしく、眠気を押し殺しながらの夜中の運転は、非常にハードではあったが、パンクしてよかった、という思い出にまでなっているくらいだ。あの時の京都旅行では、いろんな立派なお寺さんにも行ったし、綺麗な紅葉も見たし、たくさん美味しいものも食べたが、パンクした車から観た星が一番の思い出だ。

他にも、ラスベガスに男友達と４人で旅行に行き、レンタカーを借りて、片道８時間かけてモニュメントバレーに行ったことがあるのだが、あそこの星もすごかった。４人で２時間ずつ交代で運転していったのだが、ラスベガスから２〜３時間走ると、そこからはひたすら真っすぐの道。２時間くらい後部座席で寝て、再び車窓を見てもまた一緒の景色。といってもそれは昼間の話で、夜になると３６０度ただただ漆黒。ヘッドライトを消そうものなら、前はほぼ見えない状態、マリオカートだとイカ墨ぶっかけられた状態。そんなところを８時間すっ飛ばし、辿り着いたモニュメントバレーで観た夜空は、大袈裟抜きでまさしく満天の星。空が星で埋め尽くされ、夜空の黒の部分より、星が輝いている光の部分のほうが面積的に広かったのではないか、と思うくらいであった。

　ちなみに、西部劇をはじめ、いろんなハリウッド映画でお馴染みのモニュメントバレーもものすごかった。自然のすごさというか、普段生きていて〝地球〟に立っている、と思うことはなかなかないが、（あー〝地球〟に立っているんだな）と思わされる、圧巻の景色であった。モニュメントバレーに行ったあと、ラスベガスに戻る途中にグランドキャニオンに寄ったが、モニュメントバレーがすご過ぎて、（グランドキャニオンなんてこんなもんか？）と、達磨和尚ばりにほとんど心動かされることなく帰ってきたくらいだ。いつの日か、子どもたちにあの景色を見せるために、長時間ドライブを蛇蝎の如く嫌う私だが、頑張って８時間の運転をしよう、と心に決めている。

そんなこんなで、星を観ることが大好きな私だが、2019年の正月、家族旅行にニュージーランドを選んだ。この旅行は、私、家内、娘、息子、家内の両親、私の両親の8人で行くことになった。

行き先をどこにするかかなり悩んだ。両親たちや子どもたち、両極端の年齢層が楽しめる場所はどこだろう、といろんな地域のガイドブックを買い漁り、結果として、治安がいい、暖かい、自然豊か、などの観点からニュージーランドに決定した。クライストチャーチ、オークランドの両都市にも行くことにしたが、旅行のメインは、クライストチャーチからバスで片道4時間かけて行く、テカポという湖で有名な所であった。

このテカポ湖、世界一星が美しい場所と称されている所で、バスで4時間は年寄りにはこたえるかと思ったが、家内の両親も私の両親も行ってみたいというので、テカポ湖には1泊しかできない強行日程ではあったが、頑張って行ってみよう、ということになった。

正月旅行のおよそ1カ月半前、正月休みの日程が決まるや否や諸々の予約に動き、国際線、ニュージーランドの国内線の飛行機や、クライストチャーチ、オークランドのホテルなどは意外とすんなり予約が取れたのだが、このテカポ湖のホテルの予約がなかなか取れない。私の家族、家内の両親、私の両親、計3部屋取れるホテルがなかなか見つからない。

致し方なく、ホテルを二つに分けて一方のホテルに2部屋、もう一方のホテルに1部屋を予約した。

そのあとに、テカポ湖で行われている星観測ツアーを申し込もうとしたのだが、なんと21時30分の回も深夜1時の回も予約で一杯で取れないとのこと。なんとか予約したホテルではあったが、泣く泣くキャンセルし、先に星観測ツアーを予約することにした。ツアーが空いているところを探すと、日程的に合いそうなところが深夜1時の回で一つだけ取れたのでそこを予約し、それから再度ホテルを探したが、やはりキャンセルしたホテル二つに分ける方法しか見当たらなかったので、再びその二つのホテルを予約した。

それからおよそ2週間後、少なくともどちらかの両親、もしくは両方の両親が私の家族とは別のホテルになってしまうのは、やはり不安ではないかということになった。何せウチの親父は「I am a pen.」と平気で言いそうなくらいの英語力だし、それどころか外国人相手にも遠慮会釈なしにバリバリの熊本弁で話しかけるくらいのメンタリティーの持ち主で、英語でコミュニケーションを取る気すらない人間なのだ。

もう一度ホテルを探してみると、どうやらキャンセルが出たようで、とあるホテルで3部屋取れるらしい。皆同じホテルにしたほうが、安心だし何かと都合もいいだろう、ということで、予約していた二つのホテルをまたキャンセルし、3部屋取れるホテルに切り替えることにした。あまりお金のことを言うのは無粋で嫌なのだが、二つのホテルを2回キャンセルしたことによって目の玉が飛び出るほどのキャンセル料がかかってしまった。あまりの高額に、飛び出たまま戻らず、鬼太郎の親父になるのではないか、と思ったくらいだ。世界一美しい星空を観られるのなら仕方ない、と無理やり気持ちを切り替えて、1カ月後に観られる星空に思いを馳せる日々を送っていた。

そして待ちに待った正月旅行。クライストチャーチで街を散策したり、植物園や博物館に行ったり、列車に乗ってアーサーズ・パス国立公園という所に足を延ばしたりして数日間楽しく過ごした。

ちなみに今回の旅行先をニュージーランドに決定した理由の一つとして、暖かさをあげたことは先ほど記したが、ニュージーランドはそこまで暖かくなかった。私的にはTシャツに短パンで過ごすくらいのイメージだったのだが、ニュージーランドに着いた当日も、東京から着ていったダウンジャケットをそのまま着て過ごすくらい寒かったし、アーサーズ・パス国立公園に行った日は、ホテルを出る時に暖かかったので、身軽な格好で出発したが、公園に到着すると震えるくらい寒かったので、売店で8人分の厚手のフリースを買ったくらいだ。真夏の南半球とはいえ、南に行けば行くほど南極に近づくため、寒くなるのは当然か。

さあそしていよいよ、テカポ湖に出発の日がやってきた。朝早くテカポ湖行きのバス停留所に1泊分の着替えを持って向かい、それぞれ片道4時間のヒマを潰す本やiPadや、腰が痛くならないようなグッズを持ち、バスに乗り込んだ。

バスは満席。ます寿司みたいに全体がピッタリ収まっている。やはりテカポ湖は、世界中から観光客が訪れる人気の場所のようだ。途中トイレ休憩の時に腰を伸ばしたり、軽いストレッチをしたりして、腰痛持ちの私には苦行ともいえる4時間のドライブをなんとか持ちこたえて、ようやくテカポ湖到着。

テカポ湖は惚れ惚れするような美しさ！　日本ではお目にかかれないんじゃないか、という湖の色と山並み。湖がウソのような水色。〝ガリガリ君ソーダ味〟のような水色。着色料なしであの色を出せるのは、赤城乳業と大自然だけの脅威だ。

昔のアメリカのホームドラマ『大草原の小さな家』に出てきそうな景色。とはいっても『大草原の小さな家』は観たことないから、本当にそういう景色かどうかはわかんないけど。とにかく到着するや否や、気分が晴れるほどの絶景であった。ただ一つ気がかりだったのは、空が雲で覆われていたこと。果たして世界一の星空を拝むことはできるのか？

到着してから夕方までは、湖のほとりでのんびり過ごしたり、ホテルの部屋でまったりしたりと、それぞれ思い思いの時間を過ごした。私はというと、息子が湖に石を投げて、水切りがしたいと言うので、ひと気のない所に移動して、付き合うことにした。ただこれが延々終わらない。アーサーズ・パス国立公園に行った時も1時間半くらい石投げに付き合わされたのだが、この日はなんとおよそ3時間。

（この遊び多摩川でやればよくない？）

とずっと疑問に思いつつも、有無を言わさず投げさせられ続けた。後半は肘がシビれて思うように投げられず、完全に感覚が麻痺していた。このレジャーが終わるなり、アメリカに飛んで「トミー・ジョン手術」を受けようかと思ったくらいだ。

夕方、ようやく息子から投げ込み終了の声がかかり、深々とお辞儀をしてホテルに逃げ込んだ。そして、フロントの女性スタッフに、まずは一番気になる今夜の天気を聞いてみた。

「んー、予報では曇りのままね。でも山の天気はコロコロ変わるから、なんとも言えないわね。星が見られることを祈りましょう」

なんとも不安な返答。何せ我々には今日の夜のワンチャンしかない。

その日の夕食は、長いバス移動で皆疲れていたようで、外に食べにいく元気がない、ということだったので、一つの部屋に集まり、そこですませることになった。近所で買ってきた簡易的な食事ではあったが、美味しいワインとお肉などを満喫し、子ども以外はほろ酔い加減でいったん解散することにした。時間はまだ21時。私は義父母、私の両親を交互に見ながら、こう告げた。

「ツアーのバスが0時45分にホテルの入り口に迎えにきますから、0時30分にそれぞれの部屋に電話入れます」

「はいはい、わかりました」

「あとは天気だけですねー。ちょっと今どんな感じなのか、見てきますね」

私はコテージ風になっているその部屋の玄関を開けて、空を眺めてみた。なんとほとんど雲が消えかかっている！

「今ほとんど雲ないっすよ！　こりゃ星観られそうですねー！」

「私たちは日頃の行いがいいから！　アッハッハッハ」

年寄りの十八番(おはこ)ともいえるギャグを軽く受け流し、皆明るい兆しに胸膨らませ、3時間ほどの仮眠を取ることにした。私も携帯のアラームを1分ずつズラして、五つ設定し、やっと出合える世界一の星空を想像し、恍惚の表情で眠りに入った。

アラームが鳴る前にスカッと目が覚めた。これだけスカッと目が覚めたのはどれくらいぶりだろうか？　一体何時だろう、と清々しい気持ちで携帯を見てみた。

朝5時47分！

は？？？？？　なんのことだかわからない！　飛び起きて、ベッド脇に備え付けてあった時計も見てみた。朝5時49分！　は？？？？？　そんなはずはない！　自分の腕時計も見てみた。朝5時45分！　これで確定した。寝坊した。

でも携帯のアラームに気付かないはずはない。仮に私が気付かなかったとしても、隣で寝ていた家内が気付くはずだ。携帯のアラームの設定時間を見てみた。12時20分！　0時20分にしたつもりが12時20分にしていた。要はお昼の12時20分に設定してしまっていたのだ。隣でまだこのおおごとに気付かず、スヤスヤと寝ている家内を揺さぶった。

「ん？　何？」

「やっちゃった。寝坊した」

「…………………………」

あの時の家内の、目も口も丸く開いた表情が今も忘れられない。『もののけ姫』の森の精霊〝こだま〟のモデルは、あの瞬間のウチの家内だったのではないかと思っている。時間軸的におかしいけど。

カーテンを開けると、すっかり朝。星が出ていたかどうかすらわからない。何日も何日も、何度も何度もネットで星観測ツアーやホテルが空いている日を調べ、予約やキャンセルを繰り返し、目の玉が飛び出るほどのキャンセル料金を支払い、東京からオークランドに飛び、そこからクライストチャーチ行きの飛行機が乗り換えの時間が短かったため間に合わず、次の飛行機にチケットを切り替え、そのクライストチャーチから腰の痛みに耐えながら4時間のドライブを乗りきり、ここテカポ湖で得た肘の痛みに耐え、苦難の数々を乗り越え、最後の懸念の雲も消え、たった一度のチャンスをモノにし、ようやく迎えた星空の下、その星を観ることなく爆睡。何やってんだろう、の一言。あの場にいかりや長介さんがいたら、間違いなくこう言っただろう。

「だめだこりゃ」

自分が無脊椎動物ではないか、と思うくらい全身の力が抜けた。

「皆に申し訳ないことしたねー」

自分たちが行けなかったのは仕方がない。完全なる自業自得だから。しかし熊本から遠路はるばる、ここまで無理を押して連れてきてしまった私と家内の両親たちに申し訳が立たな過ぎる。私が部屋に電話して起こすと言ったものだから……。

それから朝食の時間に集合するまでの間、脱獄してきたのか、というくらいソワソワしていた。1時間後に起きてきた娘と息子にも、

「ゴメン、お父さんやっちゃった」

子どもたちに対して、初めて本気の謝罪をした。子どもたちは、

「そうなんだー。まあ仕方ないよ」

と、さほど星に興味がなかったのか、あっけらかんとしていた。

そして朝食の時間。『半沢直樹』に出演できるのではないか、と思われるくらい熱を込めて、深々と頭を下げた。

「お義父さん、お義母さん、本当にすいませんでした！」

「晋也さんが寝坊するなんて珍しいね。それだけお疲れだったんでしょう」

お義父さんもお義母さんも、ウチの両親もまったく文句を言うことなく、笑顔で受け入れてくれた。

「いつまで経っても晋也たちが集合場所に来ないから、私たちだけで行ってきた」

「は？　行った？」

「うん。そりゃー綺麗だった。人生であんなに数多くの星は観たことがない」

「は？　４人は集合したわけ？」

「うん」

「…………いや、『うん』じゃないよ、オフクロ！　起きたんなら、俺たちも起こしてくれよ」

「それがフロントの人に、晋也たちの部屋の番号聞こうと思って『ウエダ、ルーム。ウエダ、ルーム』って言ったんだけど、伝わんなくてね」

「そんな言い方で伝わるか！　いや、だったら携帯に電話くれればよかったじゃん！」

「したよ、何回も」

「えー、ウソ？」

携帯の着信を見てみた。オフクロからの着信など1件も残っていなかった。

「してねーじゃん！　なんでそんなウソを言うかね？」

「アラー、したと思うけどねー？」

深々と謝っていたはずだったのだが、後半はオフクロに対してちょいと怒りの感情が入ってきていた。いや、１００パーセント悪いのは私である。まだ両親たち４人が星を観られたのはよかったし、救われた気分だった。でも私たちを起こす方法は、いくつかあっただろう？　そのホテルから星観測ツアーに参加している日本人が他にもいただろうから、フロントになんて言えば通じるか教えてもらうとかさ。もしくは、日本人の星観測ツアーだが、ガイドの人は英語ができるはずだから、その人に状況を伝えて、フロントの人と話をしてもらい、私たちの部屋に電話をしてもらうとか部屋を訪ねてくるとかさ。もしくは……、いや、やめよう。悪いのは１００パーセント私なのだから。

朝食の間ずっと、星がどれだけすごくて、どれだけ数多かったかという話を、遠い世界のこととして聞いていた。ちなみに天気はというと、一年に数回あるかないかというくらいの晴天になったようで、見渡す限りの、まさに〝世界一美しい星空〟だったそうだ。

「私たちは日頃の行いがいいから！　アッハッハッハ」

年寄りの伝家の宝刀のギャグを苦笑いで受け流し、ひょっとしたら本当に日頃の行いが関係あるのかもしれない、と叩けばホコリどころか粗大ゴミが出てきそうな自分の行いを反省していた。いや、そこまで行い悪くないわ！

朝食後、湖で2日連続の投げ込みをやるようにウチの最年少ピッチングコーチに指示され、横浜高校3年時の松坂大輔のような気分で、「腕ももげよ！」とばかりに、星を観られなかった怒りも込めてひたすら投げ続けた。

午後のクライストチャーチ行きのバスに乗り、また腰の痛みと闘いながら、テカポ湖の昼間の景色だけを素敵な思い出として持ち帰った。

その日の夕食後、歩きながら空を見上げると、星が綺麗にキラめいていた。

「おー、ここでも星一杯出てるじゃん。ねー、綺麗綺麗。昨日のテカポ湖もこんな感じだったんじゃないかね？」

と私が息子に話しかけた。すると、

「いやいや、こんなもんじゃなかった。こんなの話にならん。これの何十倍も星出てたよ」

と、ウチの親父がデリカシーを一かけらも出さずに言い放った。

ウソでも、「あー、こんな感じだったよ」とでも言ってくれれば、子どもたちも多少満足したであろうに。

ホテルに帰り、私が風呂上がりに酒を飲んでいると、息子がホテルのメモ用紙に描いた絵が、息子の寝顔の横に置いてあった。何の絵を描いたんだろうと見てみると、私、その隣に息子、その隣に娘、その隣に家内が並んで丘みたいなところで寝そべって、満天の星を観ている絵だった。あっけらかんとしているように見えていたが、相当〝世界一美しい星空〟を観たかったんだな、と申し訳なさに泣きそうになった。その日はヤケになって酒で散らした。あの場に小料理屋の女将がいたら、間違いなくこう言っただろう。

「アンタ、悪いお酒だよ」

1日だけの滞在で、絶好の天気にも恵まれたビッグチャンスだったのに、本当に惜しいことをした。次はいつ行けるんだろうか？　勝手な夢としては、娘と息子が成長し、それぞれが仕事をするようになり、それぞれ結婚し、子どもができて、多少の蓄えができた時に、すっかりおじいちゃんとおばあちゃんになった私と家内をテカポ湖に連れていって孫たちと一緒に世界一の星空を観させてくれないかな、と思い描いている。

どう、素敵な夢でしょ？　素敵な夢にでもすり替えないとやってらんないんだよね。

連絡

～アンジャッシュ・渡部へのエール～

2020年7月。アンジャッシュの渡部にメールをした。

アンジャッシュとは古い付き合いで、彼らが芸人1年目くらいの時から25年以上の付き合いである。我々くりぃむしちゅー（その当時は海砂利水魚）、アンジャッシュ、アンタッチャブルの6人で合同コントを披露するライブをやったり、個人的にもアンジャッシュの児嶋は一時期私の家の合鍵を持っており、私が帰宅するとすでに家に居たり、その次の日も私は仕事に出かけるが、児嶋はそのまま私の家に居座り、私が仕事を終え帰宅すると、朝私が出発する時と同じ場所、同じ体勢で児嶋が寝そべっていたり、ということもあったくらいだ。

一方の渡部も、ウチの相方とアンタッチャブルの山崎と3人で共同生活をしていた時期もあるくらいで、その3人で一匹の犬を割り勘で買い、かなり親密な関係を築いていた。

アンタッチャブルがM－1グランプリで優勝した時は、本当に我が事のように嬉しかった。私はその日仕事でリアルタイムでは観られなかったため、なんの情報も入れず仕事場から直帰し、夜中に独りで録画を観た。優勝の瞬間は珍しく「よっしゃーーーー！」とソファを叩きながら絶叫し、その勢いで柴田と山崎に祝福の電話をした。興奮のあまり真夜中だということを忘れており、柴田も山崎もすでに就寝していたようで、電話には出たが「ハァ、ありがとうございます……」と、かなりのローテンションで、振り込め詐欺ばりに迷惑そうに切られた。

アンジャッシュが『エンタの神様』などのネタ番組で、その秀逸なコントが評価され、中国でまでネタをパクられる騒ぎになった時は、すごく誇らしい気分になった。

児嶋はドラマ、渡部はグルメや高校野球をはじめ、いろんなことに詳しいマルチなタレントとして活躍し、たまに共演する時などは、まだお互いにライブしか仕事がなかった時期のことを思い出し、（お互いにテレビに出られるようになってよかったなー）と感慨深い気分になったりしたものだ。

その仲間の一人、渡部が謹慎することになった。私も少なからずショックを受け、児嶋と電話でやり取りをした。渡部本人には、謹慎直後にはあえて連絡をしなかった。しばらくは誰とも連絡を取りたくない気分だろうし、家族と向き合うことで必死だろうし、今はそっとしておこう、と私なりに配慮した。

1カ月ほど経ったある日、渡部も多少落ち着きを取り戻したのではないかと考え、思いきってメールを送った。

「少しは落ち着いたか？　まあ、今回の件は残念だけど、また一からやり直して、デビューしてから売れるまでと同じくらいの時間かけて、もう一回売れればいいじゃん！　仮にな、仮に今後民放地上波は難しい、となったとしても、別に芸人が活躍できる場は、そこだけじゃなく、他にも一杯あるしな！　だから決して絶望せず、精神的にしんどいとは思うけど、前向きに頑張ろうぜ！」

世の中から散々叩かれて、叱られていたので、もう私がそれに触れる必要はなかろう、と思い、励ましの内容だけにしておいた。ちょっと格好つけ過ぎたかな、とも思ったが、私の素直な思いでもあった。数時間後、渡部から返信が来た。

「すいません、連絡先消してしまって。どちら様ですか？」

——私の連絡先は消されていた。こっちが「決まった！」と、自分のメールにベロンベロンに酔っ払い、悦に入っている時に、なんたる仕打ち……。穴を掘ってでも入りたいくらいの身の置き所のない恥ずかしさに、私はメールではあるが、「児嶋だよ！」の言い方で「上田だよ！」と返信した。

渡部がいつまで謹慎するのかはわからない。でも私を辱めたことに対しての反省も含め、予定の謹慎期間より、もう数日多めに謹慎してもらいたい。

刺激

～世界のアスリート見聞録～

ハードなスポーツ取材

２０１０年から、土曜日と日曜日の深夜放送の『Going! Sports & News』というスポーツ情報番組に出演させてもらっている。

それまでの芸能生活では経験したことのないものを、いろいろと経験させてもらっており、この10年で一番、私にとって新しい刺激をもらっている番組といえるだろう。

さまざまなスポーツの取材に行かせてもらったが、なかなか経験できない現場、という意味では、その筆頭はやはりオリンピックだろう。ロンドン、ソチ、リオデジャネイロ、平昌（ピョンチャン）と、夏季・冬季合わせて４回のオリンピックの取材に行かせてもらった。オリンピックを一度観るだけでも得難い経験だと思うが、それを４回も経験させてもらっているのは、毎日うれしょんするくらいの喜びといえるだろう。

「いいなー、世界最高峰のスポーツを観て、楽しんで、お気楽なもんだな！」と思われる方も多いかと思う。確かに、世界最高峰のスポーツを観て、楽しんで、という点については否定できない。しかし、お気楽ではない。別に、苦労をアピールするつもりはないが、オリンピックの取材はかなりハードである。

たとえば、2012年のロンドン・オリンピックの時は、開会式から閉会式まで丸々3週間行きっ放しであった。

この時は、毎日朝5時半に起きて、7時にホテルを出発し、7時半くらいに、世界各国のテレビ局が集結して簡易的なスタジオを設けているメディアセンターに到着し、その日どの競技の取材に行くか、もし誰々が準決勝まで勝ち残ったら、急遽そっちの競技に移動してなど、2、3パターンの取材予定をディレクターと打ち合わせをし、9時にメディアセンターを出発する。

9時半過ぎに最初の競技会場に到着し、2~3時間その競技を観て、試合後、選手たちが各国の取材を受けるミックスゾーンという所で何人かの選手にインタビューを行う。ミックスゾーンは、競技を終えた選手が、各国のメディアのインタビューに応えるために設けられている取材エリアで、基本的に選手たちはこのミックスゾーンに来て取材を受けなければならない、というルールがある。

14時くらいに車中で軽い昼食を取りながら、その日二つ目の競技会場に移動し、17時くらいまでその競技を観て、またミックスゾーンでインタビュー。

19時くらいにその日三つ目の競技会場に到着。21時くらいまでその競技を観て、またミックスゾーンへ。

22時前後にメディアセンターに戻り、その日メダルを獲った選手たちをスタジオに迎えてインタビュー。

23時半くらいにその日の取材は終了し、そこまでに夕食を取る時間がなかった場合は、それから夕食、ということになる。

ホテルに着いて寝るのが、深夜1~2時、場合によってはメダル獲得選手が翌朝スタジオを訪れる場合もあるので、その時は4時半から5時には起きてメディアセンターに向かわなければならない、というスケジュールになる。

もちろん、これより軽めのスケジュールの日もあるが、おおよそこういったスケジュールが3週間続く。しかもこのロンドン・オリンピックの時は、私は3週間ずっと時差ボケがひどく、寝付いても1時間半ほどで目が覚め、そこからもう一度寝ようと思っても寝付けないまま、起床時間を迎えるという日々が続いた。

一日中、いや3週間中ずっと意識が飛んでいる状態で、意識のマイレージがあったら、世界5周分できるマイレージが貯まるくらい飛んでいた。かのナポレオンをロングスリーパーだと思ったくらいだ。ちなみに日本に帰ってきてからも、1週間くらい時差ボケが続き、トータル1カ月にわたってボケていた。

タイトなスケジュールという意味では、2014年にブラジルで開催されたサッカーワールドカップの時など、1泊5日であった。

最初に1泊5日と聞いた時には、日本を出て、1泊しかしていないのに、帰ってきた時は5日後になっているなんて、時空が歪まないと無理だと思ったが、帰ってきた時には確かに5日後であった。

まず成田からシカゴに飛び、シカゴからサンアントニオ、サンアントニオから日本vs.コートジボワール戦が行われたブラジルの都市レシフェに到着。数時間後に「Going! Sports & News」の生中継、夕食を取って、日本対コートジボワール戦を観戦し、ホテルで就寝。

次の日も、起きて早々に「Going! Sports & News」の生中継をし、すぐにレシフェの空港に向かいサンアントニオに飛び、今度はサンアントニオからパリ、パリから成田、という、なんと1泊で世界一周していた。私がそれまで夢想していた世界一周とはだいぶ違う、ハリウッド最高のショーとハリウッドザコシショウくらいかけ離れたものであった。今どこの都市で、どこの時間で過ごしているのかもよくわからない状況で、おそらく移動疲れのせいか、パリの空港でトイレに行った時には血尿が出ている有様であった。

このワールドカップの時、レシフェという都市は世界トップクラスに危険な街だ、と事前に聞かされており、現地に到着すると私専属のボディガードが付いてくれた。

しかし、このボディガード、Tシャツにジーパンという出で立ち、若干筋肉質というくらいで、腕に覚えがありそうには見えない。しかも足元はビーサンである。瞬時の激しい動きを想定しているとはとても思えない。

夕食を食べに街に出かけることになったが、入ったレストランでは大画面でワールドカップの試合を流しており、かなりの人でごった返していた。

ブラジルの試合ではなかったものの、無類のサッカー好きの国民性である。外国チーム同士の試合にも熱狂し、ワンプレー、ワンプレーに歓声や怒声を上げていた。時には恐怖を感じるくらいの盛り上がりもあったが、私には守ってくれる人がいるから大丈夫、とボディガードのほうを見ると、彼も他の酔客たちと一緒に大画面に向かって歓声を上げていた。

ボディガードは私を視界に入れることはほぼなく、「トイレに行きたい」と伝えにいくと、奥のほうを指差して場所を教えてくれただけで、すぐに大画面に視線を戻したため、世界トップクラスに危険な街の、最高に危険を感じるトイレに、独りで行かされることになった。私を守るために付いてくれたボディガードだが、隙あらば私のほうが襲ってやろうかと思った。まあ、隙あらば、というか隙だらけなのだが……。

翌朝、ボディガードはとうとう来もしなかった。現地のコーディネーターに、なぜ来ないのかを聞くと、「今日は気が向かないらしい」とのこと。なんてアーティスティックな理由。隙だらけだった前日にさらに磨きをかけ、隙どころか本体さえ見せてはくれなかった。

リオデジャネイロ・オリンピックの時も、危険だからやたら出歩かないように忠告されていた。

ホテルから競技会場まで、毎日同じ車が迎えにきてくれたが、3日目くらいにほんの少し日本語を話せるブラジル人ドライバーさんが話しかけてきた。

「コノ車いくらくらいだと思イマスカ?」

「まあ、日本円で2、3百万円くらいかな?」

そんなに高級な車にも見えなかったので、そのように返したところ、なんと900万円もすると言う。とてもそんな値段には見えないので、なんでそんなに高いのか問うと、本体は200万円くらいなのだが、じつはすべてのガラスが防弾仕様になっており、それに700万円ほどかかっていると言う。至近距離で、大口径の拳銃をぶっ放されても割れない、とのこと。

「ダカラ皆さんは大丈夫デース。安心してクダサーイ」

防弾ガラスにしなければならない、ということ自体安心できないのだが、まあそこまで厳重にしてくれている配慮に感謝の念を感じていると、

「でも一つだけ気をつけてクダサーイ。このガラス、ピストルのタマには強いデスガ衝撃には弱いデスカラ、バーンと閉めると割れマース!」

安心できるか! じゃあ仮に強盗が来て、ブーツでガラスをバーンと蹴っ飛ばして、そのあと拳銃バンバン、で俺たち終わりじゃねーか! 防弾の意味あるか! しかも、そんなことは初日に言え! この3日間バーンと閉めなかったからよかったものの、派手に閉

めてたら700万円のガラスが粉々になってたじゃねーか！

とにかくブラジルの人はおおらかである。もちろん、今、精一杯いいフレーズを選んで書いている。

誤解されると困るが、警備という意味では、オリンピックやワールドカップの警備はものすごく厳しい。会場に入る車もいったん全員降ろされ、荷物チェックはもちろんのこと、車も金属探知機などで徹底的に調べられる。当然、そこを通るたびに、だ。

リオデジャネイロの警備もしっかりしていた。そういう意味では、ロシアのソチ・オリンピックの警備は緩かった。

競技会場に入る時の警備は、空港でやるような、手荷物をベルトコンベアに載せ、人はアーチ型の所を通り、キンコンキンコン鳴ったら、セキュリティーの人が金属探知機で調べる、というチェックが行われていた。

とある会場に着くと、ベルトコンベアが左右2列あり、アーチ型の金属探知機が二つ並んでいた。私と一緒にいたスタッフは、背負っていたリュックを預けることもせず、うっかり並んでいるアーチ型の探知機と探知機の間を通り抜けてしまった。アメリカなら「フリーズ！」と銃を向けられてもおかしくない状況である。ところがその異常行動に、セキュリティーは気付いてもいなかった。要するに誰も見ていないのだ。

下手をすればテロリスト扱いされかねない、血迷った行動を取ったスタッフに苦笑しながら、私が元の場所に戻るように促し、リュックをベルトコンベアに載せ、改めて金属探知機をくぐらせたが、筋骨隆々のセキュリティーはその様子を無表情で、興味なさげに眺めていた。「お前に一番鍛えてもらいたい筋肉は表情筋だよ！」と言っても伝わらないので、こっちもマダム・タッソーの蠟人形ばりに表情を止めて通り過ぎた。

このセキュリティーの緩さを、現地の日本人コーディネーターに伝えると、「オリンピックが開幕して最初の1週間くらいは徹底的にやってましたけど、もう大丈夫と思ったんでしょうね。ロシア人ってすぐに飽きるんですよねー」

と言っていた。警備に飽きていいのだろうか？　国の威信に関わる一大事なのに……。まあそれだけロシアの人は、性善説に立って人を信用してくれているということだろう。

もちろん、今、精一杯いいフレーズを選んで書いている。

『Going! Sports & News』という番組に携わらせてもらったおかげで、このようにいろいろな経験をさせてもらったし、新しい刺激だったな、と心から感謝している。

ん？　いや、違う、違う、別にハードスケジュールや警備の愚痴を並べ立てたい訳ではなかった。ロシアのセキュリティーの緩さを経験させてもらって、誰が感謝なんかするかー！　スポーツのことを書かないと……。

超人たちの忘れ得ぬ思い出

さて、改めて『Going! Sports & News』というスポーツ番組に携わらせてもらって、本当にさまざまなスポーツの現場に立ち会った。

あらゆるスポーツ観戦で最も興奮したと言っても過言ではないのが、２０１５年のラグビーワールドカップ・イングランド大会、日本対南アフリカの〝ブライトンの奇跡〟である。

日本代表の応援に行っているにもかかわらず、失礼な話、その時点でW杯5回出場、２回の優勝を誇る南アフリカ代表に日本が勝つなど、まったく考えていなかった。次の試合に希望が持てる戦いぶりを見たい、というのが正直なところだった。

前半が終わった時点でも、勝てるとはまだ思っていなかった。後半に入り、徐々に残り時間がなくなっていくにつれ、これはひょっとするとひょっとするぞ、という感じになっていった。スタジアム全体がそういう空気になっていったのだ。

試合開始の時点では、南アフリカ応援の観客がおよそ8割という印象だったのが、最後のワンプレーの時には、逆にスタジアムの8割、おそらく南アフリカから応援に来ているサポーター以外が日本を応援しているんじゃないか、という逆転現象。あれだけの逆転は、「逆転裁判」でも無理、と思われるほどであった。そして日本が最後のワンプレーでトライをあげ、勝利を決めた瞬間は、スタジアム中が「歴史の証人」になった、という面持ちで歓喜の渦。

そもそもハグという文化がない、いまだにちょいと照れ臭さを残す日本人も、誰彼かまわず抱き合う、全員パリピ状態。私もあの日は、ムンクの絵より叫んだと思う。そして嬉しかったのが、南アフリカサポーターも、内心悔しいであろうし、大番狂わせにショックを受けているであろうにもかかわらず、日本代表の戦いぶりを讃え、日本人サポーターに祝福の握手を求めていたことである。

私も何人もの南アフリカサポーターと握手をしながら、サポーターの〝ノーサイド精神〟にも感動していた。そしてその感動が4年後の日本開催のラグビーワールドカップへと見事に繋がった。再び日本中を熱狂させ、そして日本がラグビー強国に勝つことが、もはや〝奇跡〟ではなく〝必然〟だということを世界中に知らしめてくれた。日本はもう、ラグビー大国の仲間入りをしたといっていいだろう。

他にも印象深い取材は、いくらでもある。ロンドン・オリンピックで、準決勝に快勝し、控え室に戻ろうとするレスリングの吉田沙保里選手にインタビューしようかと思ったが、〝暗殺者〟みたいな目をした吉田選手の迫力に気圧(けお)され、(今この人の集中力を削いではいけない)と思い、なるべく目も合わせないようにしたこと。

その4年後のリオデジャネイロ・オリンピックでは、惜しくも銀メダルという結果に終わり(それでも十分すごい結果なのだが)、話を聞こうと、選手がインタビューを受けるエリアに向かったが、号泣しながらひたすら謝り続ける吉田選手を見て、(こんなに泣いて、悔しい思いをしている人に話なんてとても聞けない)と思い、インタビューを無理やり日本テレビのラルフ鈴木アナウンサーに代わってもらったこと——。

イギリス・ロンドンのウィンブルドンで観た錦織圭選手の試合。

まだ当時は世界的な知名度があるわけではなく、さほど体が大きいわけでもないアジア人が頑張っている、くらいの認識しかされていなかった錦織選手だったが、試合の途中で、観客席の一角で「ＫＥＩ、ＫＥＩ！」と、明らかに外国人たち（というかウィンブルドンでは明らかに我々日本人が外国人ではあるが）からの錦織選手への大コールが起こった。（へー、錦織選手、思ったよりイギリスでも知名度上がってるんだな）と思って、大コールが起こっているほうを見ると、外国人に「ＫＥＩ、ＫＥＩ！」の大コールを先導し強要しているのが松岡修造さんだったこと――。

米国のカリフォルニア州アナハイムにある、エンゼル・スタジアムで観た、テキサス・レンジャーズ時代のダルビッシュ有投手のピッチング。数試合0失点や2安打ピッチングと、快刀乱麻のピッチングを続けていたが、私が観に行ったその日に限って、ダルビッシュ投手にとっても野球人生唯一ではないかと思われる、先頭打者と次の打者に二者連続で打たれたホームラン――。

杉内俊哉投手の巨人移籍1年目の宮崎キャンプ。彼のピッチングをキャッチャーの真後ろから見せてもらったが、(右バッターのアウトコースのボール球だな)と思った球が急に曲がってきて、インコースのボール球になった。まさに魔球と称していいスライダー――。

これぞアメリカのプロスポーツ、国中が熱狂するアメリカンフットボール第47回スーパーボウルでの歴史に残る、停電による30分を超える試合中断――。

ロンドン・オリンピックでのバスケットボールのアメリカ代表、今は亡きコービー・ブライアント、レブロン・ジェームズ、ケビン・デュラントなどなど、まさにドリームチームの華麗なる乱舞――。

他にも、平昌オリンピックで尋常ではない精神力を見せてくれた羽生結弦選手――、大谷翔平投手が東京ドームで投げた当時史上最速のストレート――。パラアスリートたちの驚異的な能力と体の使い方――、世界に冠たる体操ニッポンの堂々たる演技――、〝お家芸〟といわれる柔道ニッポンの、負けるわけにはいかない重圧――、卓球女子の可憐な戦いぶりｅｔｃ――。

本当に数限りない現場を目撃させてもらった。

観戦したスポーツのことを書いていると、三国志ばりに長くなりそうだし、日本人アスリートについては折に触れてテレビなどでも話をさせてもらっているので、ここではあえて、ブッチギリで印象に残った外国人アスリート二人について書こうと思う。

一人は〝人類最速〟ウサイン・ボルト。

まずはロンドン・オリンピックのボルト。メインスタジアムでの開会式を観て、私は（これで日本に帰ってもいい）と思うくらい大満足の素晴らしいショーであったが、ボルトが立つこの日のメインスタジアムは、開会式の時と空気が一変していた。開会式の時は、これから3週間にわたって繰り広げられるであろう素晴らしいドラマに、心を阿波踊りばりに踊らせ、イベントを楽しみにきた、という感じであったが、この日は8万人の観衆全員が、今回のドラマの主人公ウサイン・ボルトその人を観にきて、どんなドラマを演じてくれるのかと、レース前から緊張に包まれていた。

100メートル男子決勝。ボルトが紹介され、お馴染みの弓を引くポーズを披露し、8万人がそれに対し大声援。ボルトが圧倒的な速さを見せつけるのか、それとも他の選手が一矢報いるのか？

観客のボルテージが最高潮に盛り上がり、いよいよ「on your mark」。8万人のスタジアムが一瞬にして静寂に。息を飲むことさえ憚られるような緊張と静寂。8万を超える人が大声援をあげる現場は何度も目撃している。有馬記念、隅田川の花火大会、そしてもちろん、このロンドンでの開会式。しかし、これだけの大観衆が誰一人声を発せず、物音一つ立てない、という現場にはそれ以前にも以降にも立ち合っていない。8万の静寂は異様で、恐怖すら感じるほどであった。

その静寂を切り裂くスタートの号砲が鳴り、一瞬にして、本当に一瞬にして、そのドラマの主人公は100メートルを走り抜けた。まさに圧巻！　大観衆は、期待通りのドラマを演じてくれたヒーローに、惜しみない拍手と声援の雨あられを降らせ、それはしばし鳴りやむことはなかった。

大興奮した私も、インタビューの予定はなかったのだが、その勇姿を一目でも近くで見たい、と思いミックスゾーンに向かった。

競技にもよるが、日本でも注目されている競技の場合、まずはＮＨＫが代表で２～３分質問をし、その後民放各局の代表が順番に質問をする。質問数は各局だいたい２、３問。

選手には係の人が付いており、「次で最後の質問にしてくれ」という指示をこちらに出してくる。少しでも選手をアップで、しかもいいアングルで撮りたいため、場所取りはいつも争奪戦だし、朝8時の埼京線ばりにギュウギュウの時もある。

しかし、ボルトのこの時のミックスゾーンは、私が見た中では最高の人口密度だったと思う。埼京線どころではなく、インドの満載列車くらいであった。世界中から来た記者、インタビュアーが長蛇の列をなしており、なんとかヒーローの姿をカメラに収めたい、と待ち構えていた。この日は、ディズニーランドのミート・ミッキーより、このミート・ボルトのほうが並んでいたはずだ。まあ、それはそうだろう。日本からだけでも10局近くのテレビ局が並んでおり、世界各国がそれに似たような状況なのだから。

その日、ボルトが最初のインタビューに答え始めて、最後のテレビ局の質問に答え終わるまで、なんと2時間以上！　走っていた時間は9秒63。10秒弱の出来事を2時間以上も語る材料などあるだろうか？　しかもその10秒弱は懸命に走っているだけで、「レースを振り返ってくれ」と質問されても「んー、いや、一生懸命走っただけだから覚えてねーなー」くらいで終わるんじゃないだろうか、などと考えながら、遠巻きに見ていたが、ボルトも朗らかな人柄で、嫌な顔一つせず、各国の同じような質問が続くインタビューに笑顔で対応していた。ボルトが私たちのそばを通った時に、私も一言だけ「Congratulations!」と声をかけたが、わざわざ私のほうを振り返り「Thank you!」と返してくれた。

そして4年後のリオデジャネイロ・オリンピック。この大会も主役はボルトであった。この時の男子100メートルの決勝は、今でもはっきりと覚えているが、80メートルくらいの地点では、（あっ、これはボルト負けるな）と思った。アメリカのジャスティン・ガトリンがいいスタートを切って、リードしたままゴールしそうであった。しかしボルトが驚異的な追い上げを見せ、90メートルの辺りでガトリンに並び、そのまま抜き去りゴール。

薄氷を踏むようなレースで、ヒヤヒヤした分、逆にスタジアムは興奮の坩堝と化した。ジャマイカの国旗を掲げスタジアムを一周するボルトに、私も声援を送った。しかし、本当に驚愕したのはこの後であった。

スタジアムの大ビジョンに、いろんな角度からのレースのリプレー映像が流されたのだが、ゴールライン側からの映像を見て度肝を抜かれた。横からの映像では、ボルトがギリギリでガトリンを捉え、なんとか抜き去ったように見えたのだが、この正面からの映像を見ると、ボルトはずっと左斜め上を見ながら走っている。その視線の先には何があるかというと、その大ビジョンなのだ。レース中は横からの映像を流していたその大ビジョンを見ながら走っていたのである。大ビジョンを見ながら「おっ、ガトリンがいいスタートを切ったな……。まだ負けてるね……。もうちょいで追いつくかな……。はい並んだよ……。はいゴール」という感じで、自分とガトリンとの差を大ビジョンで確認しながら走っていたのだ。薄氷を踏むようなレースでもなんでもない。たぶん楽勝だったのだ。

ヒヤヒヤしたのは、スタジアムやテレビで観戦した世界中の人であって、おそらくボルト本人はかなりの余裕を持って走っていた、と思われる。「はい、勝ちました」と言わんばかりに、右手で胸を指差しながらゴールしたその様が、ボルトの余裕を物語っているように思えてならない。

そう考えると、ロンドンの時も、別に懸命に走っていたわけではなかったのかもしれない。ロンドンのミックスゾーンでは、2時間以上質問されても、「んー、いや、一生懸命走っただけだから覚えてねーなー」くらいで終わるんじゃないだろうか、と思っていたが、きっとボルトはあの10秒弱の間にいろんなことを考えながら、冷静に走っていたんだろうな、と考えを改めた次第である。人類最速の男はやはりすごかった。

そしてもう一人、ブッチギリで印象に残った外国人アスリートは、〝アジアの英雄〟マニー・パッキャオである。

私がボクシングをこよなく愛していることは「英雄～モハメド・アリの鮮烈なる記憶～」(151ページ) の項で述べたが、パッキャオは、階級制のスポーツの概念を大きく覆した、ボクシング史上最もエキサイティングなボクサーと称していいのではないか、と思っている。

そもそも階級制のスポーツがなぜあるかというと、その競技をやるうえで、当然のことながら体重が重いほうが有利だからである。ボクシングでいえば、体重が重いボクサーのパンチのほうが、体重が軽いボクサーのパンチより効くし、また、体重が重いボクサーのほうが、体重が軽いボクサーより、パンチの衝撃にも耐えられる、ということになる。よって公平性を期すために、ある程度の範囲で体重別に区切って戦うわけである。

次のエッセイは、ボクシングにあまり興味のない方にとっては、ちょいとマニアックな話になるので、飛ばしてもらってかまわない。いや、かまう。なるべくわかりやすく書くので一応読んで欲しい。

拳闘

～アジアの英雄 マニー・パッキャオ～

世紀の対決

1970年代に〝KOアーティスト〟と称された、メキシコのカルロス・サラテというバンタム級（52・16～53・52kg）の名チャンピオンがいた。

その当時52戦52勝51KOという、いまだ見たことのない驚異的な戦績を引っさげて1階級上のスーパーバンタム級（53・52～55・34kg）に挑戦した。

スーパーバンタム級のチャンピオンは、そのパンチの破壊力から〝バズーカ〟と呼ばれた、プエルトリコのウィルフレド・ゴメスというこれまた名チャンピオンであった。ゴメスのその当時の戦績が22戦21勝21KO1引き分け、こちらも滅多にお目にかかれない素晴らしいレコード。

ハードパンチャー同士の対決、戦前の予想ではサラテやや有利ではないか、と評されていたが、なんとゴメスがサラテをたった5ラウンドでねじ伏せた。

ゴメスはその後もKO防衛を重ね、世界戦17試合連続でKO防衛した。これがいかにすごい記録かというと、日本人世界チャンピオンの連続防衛記録は、私が子どもの頃から尊敬してやまない具志堅用高さんの持つ13回である。何人もの日本人世界チャンピオンがこの記録を抜こう、とチャレンジしたが、いまだ抜かれることのない日本国内の大記録である。だが、その具志堅さんも連続KO防衛は7回である。

世界戦17連続KO防衛は、いまだに破られていない最多記録である（ちなみにえなり君とラスベガスに観戦に行ったゲンナディ・ゴロフキンも同じく17連続KO防衛を果たしたが、18戦目で判定勝利となった）。そのウィルフレド・ゴメスも、スーパーバンタム級では相手がいないということで、そのスーパーバンタム級のベルトを保持したまま、1階級上のフェザー級（55・34～57・15kg）のタイトルに挑戦した。

その当時の戦績は、33戦32勝32KO1引き分け（まだこの時点ではスーパーバンタム級のタイトルは13連続KO防衛であった）。

対するは、のちに〝永遠のチャンピオン〟と称されることになるメキシコのサルバドール・サンチェス。その当時の戦績は、41戦40勝29KO1敗。

戦前の予想は、ゴメスが圧倒的に有利であったが、結果はサンチェスがゴメスを8ラウンドで屠った。ちなみに、サンチェスはゴメスに勝利した後に3回の防衛を重ねるが、最後の防衛戦の約3週間後、交通事故で帰らぬ人となり、〝永遠のチャンピオン〟となった。私は子どもながらに、2階級を制覇するというのはとてつもなく難しいことなんだな、と刷り込まれた。怪物と呼ばれるボクサーたちが挑んでも、体重の壁に跳ね返され、念願叶わなかった、ということがいくらでもあるのだ。もちろん、40年ほど前の状況と今とでは単純比較はできないが。

1階級の差は、重い階級になるとちょっと差が広がるが、おおよそ2〜3kgである。ここに書いているバンタム〜スーパーバンタム〜フェザー級に関していえば、その差はそれぞれ1・8kgくらいである。たった1・8kgと思われるかもしれないが、この差は非常に大きい。時には命の危険に関わるくらいの差になることもある。

私がボクシングを見始めた1976年くらいはまだWBAとWBCという二つの団体しかなかった。その昔、一つの階級に世界チャンピオンは一人であった。まさしく孤高の存在である。そこにWBCという団体ができ、世界チャンピオンは二人になった。一つだった世界チャンピオンの席が二つになったわけだ。

そしてその後さらに団体が二つ増えて、ＩＢＦ、次にＷＢＯという団体ができ、階級も5階級ほど増えた。40年前だったら、おそらく世界チャンピオンまではなれなかったであろうボクサー二人にも、世界のベルトを巻けるチャンスができたわけだ。そうすると、ある階級でチャンピオンになったボクサーが、もう一つ上の階級の、その4団体では一番力が劣るであろうチャンピオンに照準を定め、チャレンジし、見事複数階級制覇ということが、以前に比べると達成しやすくなったのは事実である。

階級も増え、それだけチャンピオンの席が増え、穴場の階級を狙うボクサーがいるのも事実で、なおさら複数階級を制覇しやすくなった、とはいえると思う。だがしかし、それでもなお複数階級を制覇するのはすごく大変なことである。バンタム級、スーパーバンタム級、フェザー級の3階級を制覇した、日本が誇る平成の名チャンピオン長谷川穂積さんが、次のようにおっしゃっていた。

「上田さん、やっぱりバンタム級とフェザー級は全然違いますね。バンタム級時代だったらこのパンチでＫＯできていたな、と思うパンチをフェザー級のボクサーに打ってもケロッとしている。逆にフェザー級のボクサーのパンチを一発もらうと、芯に効くから、そうやすやすともらうわけにいかない。だからその分神経も使うし、消耗がハンパないですよ」

3・6kgの違いはそれくらい違うということだ。「キッコーマン丸大豆しょうゆ」と亀甲縛り丸出し少女くらい違う。——どうだろう、ボクシングに興味のない方にとってもわかりやすくなっただろうか？

私はそうは思わない。読んでしまったあなたの負けだ。そして、選手の戦績や階級の体重など一応調べたつもりだが、細かい数字に間違いがあるかもしれない。もし間違いがあっても、苦情は一切受け付けていない。

さて、〝アジアの英雄〟マニー・パッキャオであるが、彼は、最初に獲得したフライ級（48・97〜50・80kg）からスーパーウェルター級（66・68〜69・85kg）まで、なんと実質10階級を制覇した。

途中飛ばした階級が4階級あるので、正式には6階級制覇だが、飛ばさずに一つひとつの階級にチャレンジしていても、ほぼ確実に勝っていただろうと私は思う。体重差はじつに19・05kgくらいである。破格のスケールだ。想像の向こう側に行ったと言っていい。

パッキャオが出てくるまでは、私が一番好きだったボクサーは、80年代のミドル級の名チャンピオン、〝マーベラス〟マービン・ハグラーであったが（一番偉大なボクサーはモハメド・アリだと思うが、偉大と好きは、必ずしも一致しない）、パッキャオが出てきて、私の一番好きなボクサーはパッキャオになった。

私はそんなパッキャオに心奪われ、是非とも生観戦したいと、アントニオ・マルガリート戦を観にアメリカのテキサスへ、ブランドン・リオス戦を観にマカオへ、そしてフロイド・メイウェザー・ジュニア戦を観にアメリカのラスベガスへ、と飛んだ。

メイウェザー戦は地球規模の話題になったので、ご記憶の方も多いのではないだろうか？　両者のファイトマネーは、最終的にパッキャオが１８４億円、メイウェザーが２８０億円になったともいわれている。

たった1試合36分間で、両者合わせて４６０億円以上である。おそらくあれ以上の豪華なスポーツイベントにお目にかかることは二度とないのではなかろうか？　ラスベガスの街中が、この試合のポスターやグッズなどで溢れ返り、何日も前からお祭り騒ぎ。

試合当日は、スポーツバーすらどこも予約で一杯で、有料放送のため、テレビ中継を観られる所を探すのも至難の業。私は『ＷＯＷＯＷエキサイトマッチ』の仕事で行かせていただいたため、リングサイドの前から5列目くらいの非常にいい席で観戦させていただいたのだが、そのリングサイド席もネットでのチケット取引が最終的には４０００万円にもなった。そして、そのリングサイド席はどこを見てもＶＩＰだらけ。

マイク・タイソンをはじめとするボクシング界のレジェンドたちはもちろんだが、クリント・イーストウッド、ロバート・デ・ニーロ、シルベスター・スタローン、デンゼル・ワシントン、マット・デイモン、ベン・アフレック、ジャスティン・ビーバー、ビヨンセ、ドリュー・バリモア、パリス・ヒルトン、ＮＢＡのマイケル・ジョーダン、マジック・ジョンソンｅｔｃ……、とても書ききれない。『オーシャンズ11』どころか「オーシャンズ50」くらいの豪華さ。

私の3席隣に座っていたグラサンに髭面の男が、プカプカとタバコを吸っていたので、(会場内でタバコなんか吸いやがって、なんてマナーの悪い奴だ）と軽く怒りがこみ上げてきた。ちょいと睨んでやろうとよく見たら、レオナルド・ディカプリオであった。私は生まれて初めて、「オッオー！」と肩をすくめながら発してしまった。

雰囲気に圧倒されるのは怖いものだ。たぶんタバコも本物じゃなく電子タバコだったと思う。何か格好良かったから、私の記憶ではそういう風に上書きしてある。とにかく見渡す限りのハリウッドスター（おそらくこういう表現をするのも、これが最初で最後だろう）で、セミファイナルまでは、ボクシングファンからするとかなりいい選手が試合をしているにもかかわらず、観客のほとんどはリングではなくリングサイドのほうを見ており、選手たちが気の毒であった。

私はその辺のにわかボクシングファンとは違う、というプライドがあるので、ハリウッドスターを観察するのはラウンド間のインターバルの1分だけであった。その1分だけ、シャアザクばりに目を左右に動かし、ゴングが鳴ったら、ちゃんと上の空で試合を観た。

特別なダイヤモンドベルト

しかし、リングサイドの錚々(そうそう)たる顔ぶれも、この日は脇役どころか一観客に過ぎない。メインイベントのパッキャオとメイウェザーがリング上で対峙(たいじ)すると、さすがに観客全員の視線がリング上の主役二人に移された。この日の試合のキャッチフレーズは「地球が揺れる日」と銘打たれていたが、本当にそこは地球の中心だったと思う。

(もしここが爆破でもされたら、経済的な損失も含め、人類史に残る超大事件だな)など と非常に不謹慎なことを考えてしまうくらい、今この瞬間は、ここを中心に世界は回っているんだな、と思わせるものがあった。

メインイベントが始まると、一挙手一投足を見逃すまいと、時に熱狂し、時に固唾を飲んで、それぞれ贔屓の選手を応援していた。私もなるべく多くの場面を網膜に焼き付けたい、とドライアイになるくらい瞬きの回数を極力減らして目を凝らした。しかし、目を凝らしているにもかかわらず、ずっと夢見心地。赤面症の青鬼、みたいな、心優しきスナイパー、みたいな、アリエールがないなんてあり得ない、みたいなもの……。いや、全部違う。とにかくドラえもんばりに、ちょっと地球から浮いてるような、フワフワした感覚であった。

試合は判定でメイウェザーが勝ち、ダイヤモンドベルトという、WBCがごくごく限られた試合にだけ授与する特別なベルトをその腰に巻いた。

ちなみに、ボクシングには、試合前日にそれぞれの体重を量る「前日計量」というものがあり、私は取材がてらその前日計量にも行ってみたのだが、この前日計量も、この試合の時は異常であった。なぜなら、パッキャオとメイウェザーが体重計に乗る、それだけのイベントにも料金を取るのだ。もちろん、前日計量でお金を取るなんて話はそれまで聞いたことがない。体重計に乗る、たったそれだけに。

そのチケット料金は1200円で売り出し、最終的には1万2000円までなったらしい。しかもそのイベントにも1万1000人以上の人間が集まっていた。1万2000円の料金を払って、「マニー・パッキャオ、約65・7kg、フロイド・メイウェザー約66・2kg！」のコールを聞いて1万1000人以上の人間が、「イェーーーーーー！」と大騒ぎしているのだ。

人の体重を聞いて大喜びする、しかも、だいたい66kg前後だということはわかっているのに。ボクシングに興味のない人からすると、相対性理論より理解不能なイベントであろう。まあ、ボクシングをこよなく愛している私でも、（こいつらバカじゃねぇの？）と思ったくらいだ。

そのイベント会場で、ものすごく名誉なことというか、罰当たりというか、とんでもないことが起こった。

パッキャオ vs.メイウェザーの試合を認定するWBCという団体のマウリシオ・スライマンという会長がいらっしゃるのだが、その会場で、計量をする前に〝世界の帝拳ジム〟の本田会長が、スライマン会長に私を紹介してくださった。私は訳もわからずへイコラと、会釈というより「ワンダーコア」をやってるのかと思われるほどの前後運動で頭を下げていたのだが、そのスライマン会長が、「オー、アナタはホンダさんのオトモダチなのか？ナラバこのベルトをコシにマイてイイよ！」とパッキャオ vs.メイウェザーの勝者のみが巻くことを許される、ダイヤモンドベルトを指差しながら言うではないか！

「いや、〝世界の本田会長〟とお友達なんて滅相もないし、ベルトを巻くなんて畏れ多くてとてもできない」と、ボディーランゲージで必死に伝えたが、考えてみると、「いや、〝世界の本田会長〟とお友達なんて滅相もないし、ベルトを巻くなんて畏れ多くてとてもできない」をボディランゲージで伝えるのは不可能に近い。

スライマン会長は、私のボディーランゲージをガン無視し、ダイヤモンドベルトを持ってきて、躊躇することなく私の腰に巻いた。

こうなったら馬鹿になるしかない。私は勝ち誇った顔でベルトを指差し、一緒に行っていたウチの事務所のオバさん社長に何枚も写真を撮ってもらうことにした。私以上にそのオバちゃん社長が「すごいじゃん、すごいじゃん！」と興奮していると、スライマン会長、何を勘違いしたか、オバちゃん社長もベルトを巻きたがっていると思ったらしく、私の腰からベルトを引っぺがし、そのオバちゃんの腰に巻き始めたではないか。

「えーっ、本当？　私もいいの？」

おばちゃん特有の怪鳥音（かいちょうおん）を上げ、ダイヤモンドベルトの価値はおろか、パッキャオの名前すら何度教えても「パックン、パックン」と言ってしまうオバちゃん社長がダイヤモンドベルトを巻いて、霊長類最強然として辺りを睥睨していた。メイウェザー本人は知らないだろうが、あのダイヤモンドベルトの初代チャンピオンは私、二代目がオバちゃん社長、そしてメイウェザーは三代目である。

緊張のインタビュー

世紀のビッグイベントの余韻は次の日も続いており、午前の便でラスベガスからロサンゼルスに向かい、ロサンゼルスで2時間ほど待った後、成田空港に飛ぶ予定だったのだが、ラスベガスの空港が見たこともない大渋滞。車でも人の多さでもない。なんと飛行機が大渋滞しているのである。

錚々たるスターたちのプライベートジェットが「出発はまだか？」と列をなしている。そしてあろうことか、それらプライベートジェットを出発させるのが優先、とのこと。数多くの旅客機の、数多くのファーストクラスの客より、スターたちはそれだけ大枚をはたいているということなのだろう。

私が搭乗した、いわゆる普通の飛行機は、結局予定より2時間半ほど遅れて飛び立ち、ロサンゼルスでの乗り継ぎに間に合わず、こっちにはなんの非もないのに、別の成田便に乗るため新しいチケットを買わされる羽目になった。全然納得いかない。「ロバート・デ・ニーロ様」の宛名で領収書取っておいて、後で請求してやろうかと思ったが、送り先がわからないので断念した。いい意味でも悪い意味でも世界のスターたちの威力を思い知った旅であった。

そしてそれからおよそ1年半後。『WOWOWエキサイトマッチ』と『Going! Sports & News』の共同制作で、来日したマニー・パッキャオにインタビューをするという企画が持ち上がり、私にインタビュアーの役目が回ってきた。

幸運を呼ぶペンダントも買ってないのに、こんな幸運が巡ってくるとは……。この企画のことを兄に知らせると、兄はまったくの部外者であるにもかかわらず、パッキャオを見るためだけに熊本から上京し、私のマネージャーのふりをして、インタビュールームに潜り込んでいた。

『Going! Sports & News』はもちろん、数多くのバラエティ番組でいろんなスポーツ選手に会って、いろんな話を聞かせてもらったが、一番緊張した相手だったと思う。おそらく緊張でぷるぷると、こんにゃくみたいな震え方をしていたと思う。

パッキャオがドアを開けて入ってきた時の光景は、私の網膜に「仔牛の焼印押し」ばりに、強烈に焼き付けられた。大袈裟抜きで、輝いていたというか、眩しさを感じた。メジャーリーガーが目の下に貼る黒いシールみたいな物を私も貼ろうかと思ったくらいだった。

私は会うなりパッキャオに言った。

「あなたは私の最高のヒーローだ！　あなたの試合を観るために、テキサスにもマカオにもラスベガスにも行った！　あなたは最高のボクサーだ！」

マングローブの木が生えるのではないかというくらいのアツさでアピールし、通訳の方にもコメントはもちろん、私のこの熱も含めて伝えてくれ、とお願いした。しかしパッキャオの反応は、「オー、サンキュー」くらいである。

こっちが100の力で打ったのに0・2くらいの力でしか返してくれない。ん？　おかしいな？　普通は100の力で打てば、少なくとも半分くらいの力では返してくるはずなんだけどな、と思いながら、さらにいくつかの私の熱と愛情を伝えた。

しかし、私の100の力で打ったパンチにパッキャオは、相変わらず0・2くらいでしか返してくれない。あれだけリングでは好戦的にガンガン、パンチを放つパッキャオも、プライベートではサンドバッグなのかしら、と思いながら、致し方なくインタビューを続けた。

パッキャオをあまり知らない視聴者のために、初歩的な質問から、単に私が聞きたいマニアックというか、ワガママな質問など、30～40分インタビューしただろうか？　私が聞いたことには、ちゃんと丁寧に答えてくれたし、後半は私の熱意が通じたのかどうかはわからないが、パッキャオもご機嫌になったように感じた。

インタビュー後、私が持参していたパッキャオvs.メイウェザー戦のチケットやパンフレットに快くサインしてくれたし、写真も撮ってくれた。興奮していて気付かなかったが、パッキャオとツーショット写真を撮ってもらったつもりが、ちゃっかり兄も写真に収まっていた。あの日の兄のフットワークは、メイウェザーを超えていたと思われる。

パッキャオを送り出した後も、その部屋にいる全員が興奮冷めやらず、しばし今そこにいたヒーローの話をスタッフたちと続けたのだが、ふと、「それにしてもパッキャオ最初テンション低くなかった？」と私が問うと、パッキャオをここまで案内してきたスタッフが、「すいません、上田さんのインタビューの直前まで、パッキャオと奥さんが激し目の夫婦喧嘩してたんですよー」

と、パッキャオのテンションが低かった理由を教えてくれた。

テンションが低いというより、あれは怒りのテンションだったのかもしれない。頼むわ、パッキャオの奥さん。こちとら一生に一度のことなんだからさ……。

『Going! Sports & News』という番組に携わらせてもらったおかげで、このようないろいろな経験をさせてもらったし、新しい刺激だったな、と心から感謝している。うん、なんとかこの項もこれで終われそうだ。あー、長かった……。

視力

～私の人生に立ちはだかる視力検査～

視力検査にあまりいい思い出がない。視力は、子どもの頃からすこぶる良かったのに。人生で初めての視力検査は、6歳の頃、保育園の年長の時であった。

ある日、保育園の先生が、一枚の大きな紙を壁に貼り付け、「はーい、これから皆さんの目の検査をしますねー」と声高らかに宣言した。

目の検査などやったことのない私は、興味津々で先生の言うことに耳を傾けた。あんなに人の唇をジッと見たのは、あの時といっこく堂を見る時以外記憶にない。

「これから一人ずつ前に出てきて、その線を引いてある所から、この表の黒く塗ってある動物の名前を答えてねー。最初に左目をこの黒いスプーンみたいなので隠して、先生が交代って言ったら次は右目を隠してくださいね。わかった人ー？」

「はーい！」

たいしてわかってもいないのに、単なる条件反射で返事をした我々は、その目の検査とやらに臨むことになった。

詳しく説明すると、普通視力検査といえば、アルファベットのCのような形、正式には「ランドルト環」というやつが大小あり、その環が切れている方向を言い当てる、というものだと思う。ところが、私が初めて体験した視力検査は、7、8種類の動物の絵がシルエットで描かれており、それが横4、5列、縦は下に行くほど小さいシルエットになっている、というものであった。そんな視力検査表を、私はあの時以来見たことがない。今見つけようと思っても、おそらく「幸せのピノ」より見つけるのが難しいのではないだろうか？

視力検査が始まり、「はーい、○○君は右1・5、左1・5、両方共いいでーす」とか、「○○君は右1・0、左1・0、まあまあでーす」という結果を告げられ、私の番になった。

それまで自分の目が、良いのか悪いのかなど考えたこともなかったが、いざ検査の線の所に立ってみると、一番下の小さいシルエットまではっきりと見ることができた。おそらくあの時だったら、あの距離から相撲の番付表の序ノ口の四股名（しこな）も読めたに違いない——と、喜んだのも束の間、自分の検査が始まってから気付いたのだが、シルエットははっきりと、手相を見るくらいの距離で見えているのに、黒く塗りつぶされている動物の名前がわからないのだ。

先生が次々と指し棒で動物のシルエットを指していくが、名前がよくわからない私は、適当に自分の知っている動物の名前を言った。検査が進むにつれ、先生は小首どころか大首を傾げ、後ろで見ている他の子たちも、「えーッ、シンヤくん、それはウシだよー」とか「それはライオンだよー」などと言って、私の間違いにゲラゲラと笑っていた。

検査が終わると、「あらー、シンヤ君は右0・5、左0・6、目が悪いのねー。お母さんに言っとくから目の病院に行ってくださいね」と心配そうな顔で私に通達した。

「違う、違う！」

はっきりと見えているのだが、動物の名前がわからないんだ、と言いたかったのだが、当時ちゃんと説明できる言葉を持たない私は、ただひたすら「違う、違う、そうじゃ、そうじゃない！」と、あの名曲より18年ほど早く名フレーズをリリースして抵抗した。しかし抵抗も虚しく、保育士さんと保護者間でやり取りをする連絡帳に、眼科に行って検査をするように書き込まれてしまった。

はっきり見えているのに視力が悪いとされてしまったショック、さらには、自分は動物の名前を知らないということにも大きなショックを受けた。

（あー、もうぼくはシートンみたいにはなれないんだ）と、ガックリと肩を落とした。ウソである。動物の名前もろくに知らないガキが、シートンを知っているワケがない。シートンのくだりだけはウソであるが、それはともかく、家に帰って母に連絡帳を見せた。

「アラ、シンヤ目が悪いなんてお母さん全然気付いてなかった」と、母親はまるで自分の責任であるかのように落ち込んでいた。

「違う、違う、そうじゃ、そうじゃ、そうじゃない！」

ヘビーローテーションで、今度は母親に件の名フレーズを披露したが、「何も違わないじゃない、明日病院に行きましょう」と言われる始末であった。

次の日、眼科医院に行くと、とりあえず視力を検査してみましょう、ということになり、気は進まないが、言われるがまま検査をすることになった。

すると、昨日とは検査のやり方が違う。

「このＡＢＣのＣみたいな形の丸が開いてる方向を手で教えてね。上が開いてたら手を上に上げて、横が開いてたら手を横に、斜め上の時は手も斜め上ね」

非常にわかりやすい説明の後、検査が始まった。まず右目、そして左目。

「はい、右・左共に2・0ありますねー」

「はい？　2・0？」

母親は目を白黒させながら、まあ最初から白と黒だったが、医者に聞き返した。

「ええ、なんの問題もないと思いますよ」

「そうですか、すいませんでした」と医者に頭を下げ、医院を出るや否や、「アンタまたフザケて視力検査受けたんでしょう？」と昨日あれだけナイチンゲールのような慈悲の心を見せた母親が、今日は白竜さんのような表情で忿怒していた。

「違う、違う、そうじゃ、そうじゃない！」

「何も違わない！」

名フレーズはなんの効果ももたらさなかった。あの時の悔しさは、いまだに心のずっと奥のほうにしこりとして残っている。世の冤罪というものも、じつはこのような経緯で生まれてしまうことが、少なくないのではないだろうか？　本当はやっていないのに、やっていないことを説明できなかったり、その材料がなかったり……。

それ以降、動物のシルエットタイプの視力検査表を目にしなくなったのは、おそらく私みたいに見えてはいるが動物の名前がわからない、という子どもが続出して社会問題化し、この検査表はよろしくない、ということになったのではないか、と思っている。

19歳、上京して間もない時に大学で行われた視力検査も、いまだに不思議でならない。高校を卒業し1年間浪人した私は、その浪人時代はそこそこ真面目に勉強をしたため、かなり視力が落ちていたと思われた。検査官がランドルト環を指し棒で次々に指していく。

「左斜め下、上かな、んー、わかりません、わかりません、わかりません、わかりません……」

6歳の時のあの忌まわしい視力検査以来、ずっと2・0をキープしていた私は、視力検査で「わかりません」を連発する自分がいささかショックであった。

(0・6~0・7くらいかな?)

なんとなくそれくらいの予想をして聞いた検査の結果は右・左共に2・0であった。じゃあ全部見えてたら、俺の視力いくつになってたんだよ! わしゃハッブル宇宙望遠鏡か!

そして今から2、3年前、47歳か48歳の時、人間ドックの一環で視力検査を受けた。ここ最近目が見えづらくなったなー、とは思っていたが、検査の結果右0・7、左0・6であった。とうとうこんな日がきたか、とは思ったが、素直に受け入れたくない私は、「毎年こちらで人間ドック受けさせていただいてるんで、去年の結果もありますよね？」と質問をし、去年のデータを見せてもらうことにした。1年前のデータでは右・左共に1・5であった。

「去年1・5だった視力が1年でこんなに落ちたりすることってあるんですか？」

「んー、そうですねー、白内障ですとか緑内障の場合、急に視力が落ちたりする場合もありますから、もし気になるようでしたら一度眼科で診てもらったらいかがでしょうか？」

白内障、緑内障という響きに多少の不安を抱えた私は、数日後、レーシックで有名なとあるクリニックに行くことにした。

「上田さん、今日はどうなさいましたか？」

「先日人間ドックを受けまして、去年1・5あった視力が今回0・7、0・6と言われまして、白内障、緑内障の場合、急に視力が落ちることもあると伺いまして……」

「あー、なるほど」

「白内障や緑内障でなくても、場合によってはレーシックの手術も考えてはいるんですが、レーシックっていうのはノーリスクなんですか？」

「んー、ノーリスクかと言われますと、ときにドライアイになる人や、レーシックの効果をあまり感じない、という人も稀にいらっしゃいますから、ノーリスクとまでは言いきれませんが、体にメスを入れる手術の中で一番成功率の高い手術だといわれております」

「ほう、そうなんですか？」

「はい、技術的には絶対の自信を持っておりまして、当院にはアメリカからも研修に来ておりまして、その技術をアメリカに持ち帰り、向こうではその手術の名前にウチの名前を付けて行っております。具体的にどういう手術かと言いますと……」

その後も懇切丁寧に、約30分レーシックの説明をしてくれた。おそらく実際にレーシックの手術を受ける人と同じくらいの説明を受けた後、「ではとりあえず視力を調べてみましょうか？」と言われ、検査をすることになった。まず右目、そして左目。

「上田さん、右・左共に1・5ありますね」

「は？………いえ、数日前に人間ドックで0・7、0・6と言われたんですよ」

「んー、たまに人間ドックの視力検査で誤差が出る人がいらっしゃいまして、おそらく上田さんもそのパターンかと……」

「そうなんですか」

「ええ。どうなさいますか？」

「すいません、帰ります」

時間を取らせたことを深くお詫びし、逃げるようにして病院を後にした。家路につきながら私は思った。

（説明の前に視力検査しろよ）と。

レーシックに関してそれなりに詳しくなり、手術を受ける気満々になっていたところの、まさかの異常なし。むしろレーシック後を上回る良好さ。博多のラーメン屋さんで言えば、およそ30杯分の麺を茹でられるくらいの時間のロス。ただし、これは普通の硬さで茹でた場合の話だ。もちろん、お店によって茹でる時間に多少の差はあるが、これが〝カタ〟の場合ならその半分の時間で茹で上がるので60杯、〝バリカタ〟ならば1杯20秒として90杯、〝ハリガネ〟ならば1杯10秒として180杯、〝粉落とし〟ならば1杯3秒として600杯、〝生〟ならば1杯1秒として1800杯分のロス。いやちょっと待てよ。これはあくまで1杯作り終わってから次の麺を茹でた場合の計算であって、ほぼ同時に、しかも〝生〟で作った場合は………いや、もういいわ！　こんなこと言ってたら嫌われるわ！　今俺の好感度ゴキブリと同じ位置だよ！

ともかく、お医者さんのせいではない。私が「レーシックってノーリスクなんですか？」と聞いたから、お医者さんは善かれと思って、事細かに説明してくださったのだ。〝生〟

1800杯分の時間を奪ったのは私のほうなのだ。申し訳ないことをしたな、と思いつつ私は思った。

（でも説明の前に視力検査しろよ）と。

しかしそれ以降、視力は確実に悪くなっており、自分の中で一番衰えを感じるのが目である。仕事で、サッカーのVTRを観ていて引いた映像だと細かいところが見えず、シュートが入ってもいないのに入ったように見え、「ナイスゴール、ファンタスティック！」などと勘違いのオーバーリアクションを取ったり、ゴルフ場で（おっ、これはピンそば1メートルくらいか？）と思ってグリーンに行ってみると、右のOBゾーンに球があったり、ガッカリくらいではすまない絶望感である。

しかし最近では、その絶望的な視力の衰えよりむしろ、老眼の進行度合いのほうがヒドく、（俺、玉手箱開けたっけかな？）というくらい進行している。

話をしながら食事をしている時に、何気なく箸で摘んだ物を口に入れる直前に（あー、ニンジンだな）と思って口に入れてみるとイチゴだったり、手を蚊に刺されていると思って、叩いた後にその蚊を指で弾いても全然弾けないので、どういうことかと思って老眼鏡をかけて見てみるとホクロだったり。

日によって調子が違うのだが、調子の悪い時は、老眼鏡なしで新聞を読もうとすると、思いっきり新聞を持った手を伸ばしても、読めないくらいの感じである。そのくらいの距離では足りないのである。

もし、魔法使いがいて、願いを一つ叶えてくれるとしたら、もう少し腕を長くして、リーチを伸ばして欲しい、とお願いする。——いや、視力戻してもらえ！

宿題

～息子のセンス～

ある日、小学校2年生の息子が質問をしてきた。息子は学校の宿題をやっていたようで、文章を作る、という国語の宿題だった。そのプリントには次のようなことが書かれていた。

れい文　『ワニはカオをあらう。』このような文章を二つ作りなさい

「おとうさん、これでいいのかな?」

息子が書いた文章は、「ぼくはカオをふく。」というものであった。

「んー、別に悪いわけじゃないけど、この文は例文をそのままパクってるだけだもんねー。もうちょっと自分独自の文章を考えてみ」

「んー、そうか。わかったー」

およそ1分後。

「おとうさん、これでどうかな?」

「ん、どれどれ」

見ると、そこにはこう書いてあった。


「われらはみらいへすすむ。」


「急に賢くなったなー!」

息子は「ぼくはカオをふく。」と「われらはみらいへすすむ。」の、とんでもないレベルの差にピンときていないようで、共にぼくの全力です、みたいな顔をしていた。

「ぼくはカオをふく。」

「われらはみらいへすすむ。」


温度差がありすぎてヒートショックを起こすかと思った。

天敵

～笑いに怒りは禁物～

怒りは笑いの最大の敵である。お笑いの仕事をやっていて、自分が腹を立てたり、怒ったりしたことを、エピソードとして話す分には面白いのだが、怒りの感情を持ったまま本番に入ると、笑いの邪魔にしかならない。体はホットに、頭はクールに、飲料の自動販売機のようにうまく分担させておくことが肝要である。

しかし、20代の若い頃は、本番前に腹の立つことや、イライラすることなどがあると、その気持ちを引きずったまま、体はホット、頭はホッテストな状態で本番に入り、表情が険しかったり、突っ込みがいつもよりキツ目だったりすることがあり、笑えない結果になることが、一度や二度ではなかった。

いや、正直に言うと、30代の頃も何度かあった。そんな痛い経験を踏まえ、本番前に嫌なことや腹の立つことがあると、心の中で（怒りは笑いの最大の敵）と自分に言い聞かせ、気持ちを切り替えて、怒りの感情を持ち込まずに本番に臨めるようになった。自分で言うのもなんだが、とはいえ、誰もそんな私の心の中での葛藤など知る由もないから、自分で言うしかないので言うが、この10年くらいで私が一番成長したな、と思えるのはじつはこの部分である。

２０１６年、ある番組の収録前。

着替えもメイクもすませ、本番前にトイレをすませておこうと思い、用を足してから楽屋に戻ると、有田とその番組の総合演出兼プロデューサー、わかりやすくいえば、その番組で一番偉い人と何やら話をしていたが、私が楽屋に入るなり、有田は私に話しかけてきた。

ちなみに、お笑いコンビの楽屋はそれぞれ別、というコンビも多いし、仮に一緒でも会話を交わすことは皆無、というところも多いが、我々はかなり会話をするほうである。

数年前、とある番組の2本録り（2週間分の収録）の時、ゲストの都合で1本目と2本目の収録の合間が4時間ほど空いたことがあった。普通は1時間ほどである。あらかじめその日のスケジュールはわかっていたため、私は新聞2紙、本を2冊持ち込んで、それらを読んで過ごそうと思っていたが、1本目の収録が終わり、楽屋に戻るや否や有田が話しかけてきた。

「あのさ、そっち（私のこと）が将来総理大臣になったとするじゃん」

「なんだよ、その唐突な話！」

「いや、まあ聞いてよ。総理大臣になったとするじゃん」

「ならねーし、なれねーよ！」

「いや、もしなったらさ、俺を官房長官にして欲しいんだよね」

「は？　なんで？」

「いや、官房長官って毎日記者会見みたいなのするじゃん。あれを俺に任せて欲しいんだよね。今日は総理がこういうことを言ってた、とか、その件についての総理の見解はこうであります、とか、俺がちゃんとやるからさ」

「一番任せられねーよ！　お前、俺の好感度落とすことに全力投球の人間じゃねーか」

「いや、総理ともなったら、それは別よ」

「えー、ちゃんとできるか？　じゃあ俺が記者役やるから、質問に答えてみ」

そこから有田官房長官と上田記者のミニコントが始まった。その場のくだらない思いつきのやり取りなので、詳細は書かない。詳細を書くと、若手芸人に「えっ、そんなレベルでテレビって出られるんですか？」と言われるのは確実だから。

まあ、そんなやり取りから始まり、そこから派生して現在の政治の話やメディアの話などをしていると、楽屋のドアがノックされスタッフが入ってきた。

「すいません、長らくお待たせしちゃって。2本目の収録始めます」

なんと、気付かないうちに4時間喋っていた。それだけならまだしも、私も有田も、「えっ、もう？　もうちょい待ってくれ！　まだ話終わってないから」と、さらに話を続けようとする有様であった。結局、持ち込んだ新聞の見出しすら読めなかった。

要するに我々コンビはよく会話をする、ということが言いたかったのだが、2ページ前から始めた「ちなみに……」の話がこんなに続くかね？　星新一塾があったら初日で破門だろう。余談が長過ぎた、ぺこぱに頼んで時を戻そう。

用を足して私が楽屋に入るなり、有田が私に話しかけてきた。

「ねぇ、ちょっと聞いてよ」

「ん？　何？」

「いや、今さ、○○さん（総合演出兼プロデューサー）が入ってくるなり、『有田さん、ご結婚発表なさったようで。一応おめでとうございます』って言うのよ」

「ん？」

「だから『一応って何よ？　おめでとう、でいいじゃない』って言ったらさ、『いや、でも結婚することが果たして幸せなのかどうかは現段階ではわかりませんからね。だから一応、ってことです』ってさ。どう思う？」

それを聞いた瞬間、私の堪忍袋が破ける音が聞こえた。

「あぁ!?　おめでとうございます、でいいだろ！　なんだ、一応って！　あぁ!?」

断っておくが、私は30年近くこの仕事をしているが、スタッフを相手に声を荒らげたことはない。もちろん番組の内容に関して、異論反論、疑問に思うことなどをぶつけてきたことは多々ある。でもあくまで冷静なトーンで話をしてきたし、怒りをストレートに投げつけたことはただの一度もない。しかも今回は番組の内容のことでもない。しかし、この時ばかりは、怒りを抑えることができなかった。

予想外の私のリアクションに、有田はスティーヴン・セガールばりに沈黙を続け、総合演出兼プロデューサーは、冗談のつもりであったであろう自分の一言が、予期せぬ修羅場をプロデュースしてしまったことに、おそらく今世紀一番のドギマギを見せていた。

「いや、あの、すいません。そんなつもりで……」

「人生で一度しかない（まあそうじゃないかもしれないが）結婚を素直に祝うことすらできねーのか？」

「す、すいません」

「そんな人の気持ちがわかんねー奴が、この番組の責任者なのか？」

「いや、あの……」

「そんな奴に、視聴者の心に響く番組なんか作れる訳ねーだろぉー！」

「……」

怒りの収まらない私は、その後も一言二言怒りの豪速球を総合演出兼プロデューサーにぶつけ、とうとう本番の時間となってしまった。

「本番前に不快な気分にさせてしまい、すいませんでした」

総合演出兼プロデューサーは、自分の思った展開と違う、みたいな表情を浮かべつつも、頭を下げて詫びを言い、撤退の速度100メートル8秒5くらいの速さで去っていった。

スタジオに呼ばれた私は、廊下を歩きながら例の呪文を唱えた。

「怒りは笑いの最大の敵。怒りは笑いの最大の敵。怒りは笑いの最大の敵……」

何度も何度も唱えた。私にとっては、ドラクエのベホマの呪文よりも回復に効果的である。

そして本番。その番組は、問題が出て、その問題の答えを知ってる、という人だけボタンを押してください、というスタイルでやっていた。ところが、ゲストの中には、知っているわけではないのに、答えがわかった気がするとか、たぶんこれだと思う、という理由でボタンを押される方が何人かいらした。その典型的な方が、歌手の瀬川瑛子さんだった。

瀬川さんには、その番組に何度もお越しいただいていた。大御所なのに物腰柔らかで、いつも朗らかに我々とワチャワチャ楽しく収録に臨んでくださる方なのだが、答えを知っている人だけボタンを押す、というルールを何度説明してもご理解いただけない。ボタンを押されているので答えを聞いてみると案の定間違えている、というのが毎度のパターンであった。

その都度、私は突っ込みを入れていた。

「いや、ですから瀬川さん、知らないのに押しちゃダメなんですよ」

「きっとこの答えだと思ったんですよねー」

「ですから、きっと、とか予想で押すボタンじゃないんです」

「じゃあこれは自信がある、って時は押していいんですよね？」

「違います！　自信がある、じゃなく、確実に知っているって時に押してください！」

リンゴ↓ゴリラ↓ラッパ↓パンツのような、毎度お馴染みのやり取りが繰り広げられていた。

そしてこの日も、収録に参加していただいていた瀬川さんをはじめ解答者の皆さんに問いかけた。

「さあ、それではこの答えを知ってるって人はお手元のボタンを押してください」

私の問いかけに、瀬川さんがポツリと呟かれた。

「んー、たぶんあれじゃないかなー。押してみようっと」

瀬川さんがボタンを押すか押さないかの刹那、食い気味に私は叫んだ。

「瀬川ーーーー、押すなーーーー！！！」

私は思った。（あっ、全然怒り収まってねーや）と。

大先輩を呼び捨て。もはや突っ込みではなくカチコミ。明らかに楽屋での怒りが突っ込みに乗っていた。しかもふりかけパラパラっと、くらいではなく全部のせ。瀬川さんとしては、お馴染みのやり取りに突入されただけだったと思う。ところが、この日はゴングが鳴るや否やデンジャラスバックドロップでフィニッシュ。なんのことはない、20代の頃より退化していた。

怒りの感情を消し去ることができないまま収録を終え、楽屋に戻ると、私は有田に向かって言った。

「やっぱ怒りは笑いの邪魔だな」

反省と恥ずかしさと後悔の念を込めて呟いた。有田は携帯の顔文字にしたいくらいの苦笑いを浮かべていた。

収録中、瀬川さんの隣に座っていた有田に聞いたところによると、「今日は上田さん、かなり当たりがキツいですねー」と震えるようにおっしゃっていたそうだ。

後日その回がオンエアになった後、何人かの人に、「あの時瀬川さんにマジギレしてたでしょ？」とか「アレ、バラエティのテンションじゃなかったよね？」などと言われてしまった。お恥ずかしい限りだし、何より瀬川さんに本当に申し訳ないことをした、という思いで一杯である。

ただ残念ながら、あれから4年、瀬川さんは一度もその番組に来てくださらない。もちろん、あのことが原因でお越しになってないのかどうかはわからない。瀬川さんのスケジュールの都合かもしれないし、その番組も当初と比べゲストの顔ぶれもだいぶ様変わりしたし、形式も変わったので、そういった諸々が重なってお越しになっていないだけかもしれない。でも、しかし、瀬川さんがいらっしゃらないことがずっと気になっている。

私は今、瀬川さんの命令ならなんでも聞く用意がある。瀬川さんが「命くれない？」とおっしゃったら、命をくれる準備があるくらいだ。ですから瀬川さん、またあの番組にお越しいただけませんでしょうか？

あと、総合演出兼プロデューサー氏も楽屋で私と話はするが、なんとなくバリアを張っているような気がする。もうそろそろバリアフリーにしていただけませんかね？

本名

～息子の成長～

私が45歳か46歳、息子が確か5歳の時。その当時、息子はアキラ100%にすごくハマっていた。ある日、息子が私に聞いてきた。

「ねぇ、おとうさん、アキラ100%のほんみょうって何か知ってる？」

「いや、本名は知らないなー」

「ぼく知ってるよ！　おおはしあきらっていうんだよ」

「へぇ、そうなんだ？　よく知ってるねー」

「うん、ぼくアキラの大ファンだからね」

悦に入っていた息子が、数十秒後、私にまさかの質問をぶつけてきた。

「ん？　そういえばおとうさんの下のなまえって、なんていうの？」

アキラ100%の本名は知っているのに、父親の名前は知らなかった。本当に知らないのか問い詰めてみると、その1年くらい前までは、〝上田お父さん〟という名前だと思っていたらしい。

ちなみに、長女も4歳くらいまでは〝上田お父さん〟という名前だと思っていたらしい。そういうのって受け継ぐんだろうか？　それとも子どもってそういうものなのだろうか？　いやそんな訳はない。なぜなら、お母さんの名前は、娘も息子も4歳の頃にはちゃんと知っており、〝お母さん〟という名前だとは思っていなかったからだ。まあ、最悪それはいい。それよりも問題は、〝お父さん〟が名前ではないと気付いてからの約1年間、「じゃあお父さんの本当の名前はなんなんだろう？」と思わなかったのだろうか？　聞いてみようとは思わなかったのだろうか？　アキラ100%の本名はなんだろう、とは思ったくせに……。アキラ100%の名字を調べてみよう、とは思ったくせに……。

そしてその5年後、息子も10歳の小学4年生になった。この文章を書いていると、偶然息子が横からパソコンの画面を覗いてきた。

「この時のこと覚えてる？」

「うん、覚えてるよ。僕、なんで名前知らなかったんだろうね？」

「ねー、バカだよねー。気になってもよさそうなもんだよね？」

「不思議に思わなかったことが不思議だよね」

だいぶ成長した息子を微笑ましく眺めながら、ふと一つの疑問が浮かんだ。

「そういえば、お前お父さんの下の名前、漢字で書ける？」

「ん？　あー、ちょっと待ってね、えー、んー、あぁ、漢字はわからないねー」

――さほど成長してなかった。私の名前など別に難しい漢字でもないのに。

ちなみにお母さんとお姉ちゃんの名前を漢字で書かせると、なんの迷いもなく、スムーズに書けた。まあ、最悪それはいい。それよりも問題は、お母さんとお姉ちゃんの名前は漢字で書けるのに、お父さんの名前が書けないのはマズい、とは思わなかったのだろうか？しかも私が出演している番組を一番観ているのは息子であり、その番組を観ていれば、ほとんどの番組でオープニングに私の名前が漢字で出てくるのに。だから、お母さんやお姉ちゃんの名前を見る機会より、お父さんの名前を見る機会のほうが圧倒的に多いはずなのだ。

本当に私の名前が書けないのか、書かせてみると、上田〝晋也〟ではなく〝音也〟と書いていた。ちなみに、『鬼滅の刃』の主人公〝竈門炭治郎〟は、一生懸命練習したらしく、「竈」もちゃんと書けていた。

なんだろう？　私の存在は息子に届いているのだろうか？　いや、もちろん届いてはいるのだろうけど、相当軽んじられているような気がする。『存在の耐えられない軽さ』って、本も読んでないし映画も観てないけど、たぶんこういうような内容なんでしょ？

後書

この本を書き終えてから出版するまでの間に、久々にたけしさんから食事のお誘いがあった。今回も「また銀座のスッポン屋に連れていってくれよ」と、私は行ったことも見たこともないお店をリクエストなさった。娘は相変わらず「笑わせれば勝ち」だと思っているようで、最近では私がうっかり娘のボケをスルーしてしまうと「いや、ここは突っ込まなきゃダメでしょ！」と指導してくるようになった。モンスター化に拍車がかかっている。息子は、毎日のように『鬼滅の刃』を貪るように読み、新聞紙やガムテープで刀作りに勤しんでいる。作った本数は鋼鐵塚さんを超えたと思われる。そして、そして、相方有田に第一子が産まれた。相方は仕事に出かける時、愛犬と目が合うだけで「今日仕事行くのやめようかな」と思うらしいから、娘さんが「おしごといっちゃいやだ」と太ももにしがみつこうものなら、確実に仕事を休むと思われる。まあ、二、三回は許そうと思っている。俺は休まなかったけど。

相変わらずのことも、相変わらずではないことも、毎日いろいろ起こるが、この本を書き終えて、一つ気付いた。仮に10個の出来事があったとして、9個は嫌なことや辛いこと。楽しいことや笑ったことなど1個のような気がするが、どうやらその1個のほうしか覚えていないようだ。そう考えると記憶力が悪くなっていることも、まんざら悪いことでもないのかもしれない。

最初に昔話に突っ込む本を出してくれないか、と依頼して、文句も言わず動いてくれた古い付き合いの Cre-Sea の古村君、そしてその後、その昔話にエッセイを足して出すのはどうか、という提案をしたら、それをあっさり受け入れてくれ、私の好きなように書かせてくれたポプラ社の櫻岡さん、感謝してます。この本の初回の打ち合わせに、呼んでもいないのに勝手に来て、好きなだけ食って好きなだけ飲んで帰った古村君の奥さんにはさほど感謝していない。さあて、誰からも依頼されていないが、第2弾でも書き始めるか。楽しかった1個の記憶までなくなる前に。

くりぃむしちゅー　上田晋也

デザイン　鈴木大輔・江﨑輝海（ソウルデザイン）
カバー写真　有泉伸一郎
スタイリスト　設楽宗秀
校閲　石井文雄
DTP　アーティザンカンパニー
企画・構成　古村龍也（Cre-Sea）

【著者プロフィール】

くりぃむしちゅー

上田晋也（うえだ・しんや）

1970年5月7日熊本県生まれ。血液型はO型。

ナチュラルエイト所属。お笑いコンビ・くりぃむしちゅーの突っ込みを担当。バラエティ番組にとどまらず、クイズ番組やスポーツ番組など、数多くの番組で切れ味鋭い突っ込みを入れながら活躍中。趣味は、読書、美術鑑賞、映画鑑賞、スポーツ観戦など。

経験　この10年くらいのこと

2021年2月8日　第1刷発行

著者　くりぃむしちゅー 上田晋也
発行者　千葉 均
編集　櫻岡美佳
発行所　株式会社ポプラ社
〒102-8519　東京都千代田区麹町4-2-6　住友不動産麹町ファーストビル
電話 03-5877-8109（営業）03-5877-8112（編集）
一般書事業局ホームページ　www.webasta.jp
印刷・製本　中央精版印刷株式会社

ISBN978-4-591-16901-8　N.D.C.914　271p　19cm　Printed in Japan

落丁・乱丁本はお取り替えいたします。小社（電話0120-666-553）宛にご連絡ください。

受付時間は月～金曜日、9時～17時です（祝日・休日は除く）。

読者の皆様からのお便りをお待ちしております。いただいたお便りは著者にお渡しいたします。

P8008324